COMMENT J'AI ARRÊTÉ DE MANGER LES ANIMAUX

HUGO CLÉMENT

COMMENT J'AI ARRÊTÉ DE MANGER LES ANIMAUX

ÉDITIONS DU SEUIL
57, rue Gaston-Tessier, Paris XIXe

ISBN 978-2-02-141759-3

© Éditions du Seuil, février 2019

Le Code de la propriété intellectuelle interdit les copies ou reproductions destinées à une utilisation collective. Toute représentation ou reproduction intégrale ou partielle faite par quelque procédé que ce soit, sans le consentement de l'auteur ou de ses ayants cause, est illicite et constitue une contrefaçon sanctionnée par les articles L. 335-2 et suivants du Code de la propriété intellectuelle.

www.seuil.com

À Marie-Jo

INTRODUCTION
J'AIMAIS MANGER LES ANIMAUX

J'adore la viande. J'aime l'odeur des saucisses grillées au barbecue, un soir d'été, dans le jardin. J'aime le goût de l'entrecôte saignante avec une moutarde à l'ancienne. Les burgers, les brochettes de poulet, les boulettes. J'aime tout, à l'exception des rognons, du foie et de la langue.

Le poisson, c'est pire, j'en raffole. Mon père est un excellent chasseur sous-marin. Né et élevé à Oran, les pieds dans l'eau. Quand j'étais enfant, pendant les vacances au bord de la Méditerranée, il partait à l'aube avec fusil harpon, palmes, combinaison et tuba, et revenait peu avant midi avec un filet plein de sars, de dorades, de rougets et, parfois, de mérous. Il les écaillait, les vidait lui-même, et nous les faisions griller en famille. Je l'ai parfois accompagné. Une seule fois, j'ai réussi à flécher un poisson. Un petit sar moins rapide que les autres. Je n'ai pas persévéré, j'étais un piètre chasseur. Mais, d'aussi loin que je me souvienne, j'ai toujours aimé le goût du poisson, sous toutes ses formes. Cuit ou cru, en sushi, en tartare, en ceviche.

Il fut même un temps où je mangeais des animaux tous les jours. Un temps pas si éloigné. Les végétariennes et végétariens que je croisais alors devaient faire face à mes moqueries. Je ne voyais pas de problème à consommer de la chair animale de manière quotidienne. « Après tout, l'humanité mange de la viande depuis la nuit des temps, c'est la nature, c'est la chaîne alimentaire. En plus, c'est bon, et je ne fais de mal à personne ! Tu sais, il faut manger de tout pour être en bonne santé. La souffrance animale ? Tu crois que, dans la savane, la gazelle ne souffre pas quand le lion l'attrape ? Et puis, qui es-tu pour me dire ce que je dois faire ? Retourne manger des graines, et fous-moi la paix. »

Ma mère, elle, ça la faisait sourire. Elle n'est pas végétarienne, mais elle mange très peu de viande, depuis toujours. Presque plus, aujourd'hui. Au début de ma vie professionnelle, quand je revenais dîner chez elle, je me moquais gentiment de ses menus. Des soupes, des légumes, du riz. « On ne va pas grossir, hein, ça, c'est sûr. » Elle ne répondait pas aux sarcasmes, n'essayait pas d'argumenter. *C'est ma mère quoi, elle m'aime.* Et puis, débattre avec un jeune trop sûr de lui, c'est fatigant.

Il y a deux ans et demi, c'est elle qui s'est affectueusement moquée de moi. Franchement, elle aurait eu tort de se priver. Parce qu'à ce moment-là j'ai cessé de manger de la viande. Moi qui râlais tant devant les légumes qui composaient nos dîners en famille, je devenais subitement plus radical qu'elle. Sans doute pensait-elle que je ne tiendrais pas longtemps. Mais, depuis, je n'ai pas avalé un seul morceau de vache, de poulet ou de porc. Le poisson, ça m'a pris plus de temps. Quinze mois. Quinze mois pendant lesquels je compensais l'absence de viande par un excès de créatures marines. Ça n'avait aucun sens.

Il y a un an, j'ai donc tout arrêté. Ces deux décisions successives viennent d'une lente prise de conscience, motivée par trois arguments qui sont devenus au fil des mois des évidences :

1. Je n'ai pas besoin de viande et de poisson pour être en bonne santé ;
2. L'élevage et la pêche industriels sont un fléau pour la planète ;
3. La manière dont l'humanité traite les animaux destinés à finir dans nos assiettes est ignoble, car ces êtres vivants sont intelligents et sensibles.

Un seul de ces trois points n'aurait probablement pas suffi à me convaincre de stopper ma consommation de chair animale. Mais les trois cumulés ? Cela devenait pour moi inévitable. Soyons clairs, ce que j'appelle aujourd'hui des « évidences » ne l'était pas encore il y a quelques années.

Ce livre n'a pas vocation à culpabiliser celles et ceux, ultra-majoritaires, qui mangent des animaux. Il serait injuste de reprocher à des individus une pratique mondialisée qui est le fruit de plusieurs siècles de traditions et, souvent, de nécessité. Plus encore, ce serait inefficace : se voir pointé du doigt incite à la défense, pas à la remise en question. La culpabilisation n'avait pas fonctionné avec moi. Je vais donc tenter d'éviter cet écueil, en exposant ici les raisons qui m'ont poussé à devenir végétarien.

Je précise bien : végétarien. Pas végétalien ni végan. Contrairement à une idée largement répandue, les trois termes ne sont pas synonymes. Un végétarien ne mange pas de chair mais peut consommer du lait, du fromage ou des œufs. Un végétalien, lui, ne mange aucun produit d'origine animale. Même chose pour le végan qui, de surcroît, ne porte pas de cuir, de vêtements en laine ni de manteaux remplis de plumes. Il refuse par ailleurs de participer à des activités où les hommes exploitent un animal, comme l'équitation. J'aimerais être végétalien. Je pense que ce régime est plus vertueux pour l'environnement et plus respectueux des animaux, sans requérir un changement radical de mode de vie. Mais je n'y parviens pas encore. Pas pour l'instant. Mon activité professionnelle implique de nombreux voyages, peu de temps pour me nourrir et souvent peu de choix dans les aliments disponibles. Combien de fois ai-je dû me contenter d'un sandwich au fromage dans une boulangerie ou d'une omelette dans certaines zones reculées, seule possibilité en dehors de la viande et du poisson ? Bien sûr, j'essaye de me restreindre autant que je peux. J'ai déjà remplacé le lait de vache par du lait végétal, je n'achète que des œufs bio qui ne proviennent pas d'élevages de poules en cage, et je limite ma consommation de fromage. Mais, pour le moment, je suis donc *seulement* végétarien. Et tous les gens qui me connaissent personnellement le savent. Je ne leur ai pas annoncé ma décision comme on annoncerait une naissance ou un mariage. Simplement, quand on choisit d'adopter ce régime alimentaire, on ne peut pas le cacher très longtemps.

Il suffit de partager un repas avec sa famille ou ses amis pour que le coming out soit inévitable.
« Hugo, je te sers ?
– Merci, mamie, je vais juste prendre des légumes. »
Quelques jours avant Noël, je retrouve ma famille chez mes grands-parents à Colmar, en Alsace. Le plat du jour est traditionnel : du kassler, de la viande de porc fumée, que l'on mange chaud ou froid. Avec un peu de moutarde, c'est à tomber par terre.
« Tu ne veux pas de kassler ?
– Non, merci, je ne mange plus de viande.
– Pourquoi, tu as du cholestérol ?
– Non, je suis végétarien. »
Ma grand-mère, comme le reste de ma famille, est douce, ouverte, amoureuse du grand air, de la mer, de la montagne, et sensible aux causes environnementales.
Les échanges qui ont suivi l'annonce se sont faits dans la bienveillance et la compréhension. Toujours est-il que, depuis que je ne mange plus d'animaux, ma décision est devenue un inépuisable sujet de discussion. Avec mes proches, mes collègues ou des inconnus, tout le monde s'interroge sur mon choix. Tout le monde a un avis. Tout le monde veut participer au débat inévitable que suscite la présence d'un végétarien autour d'une table. Et je sais que tous ceux qui ne mangent plus de chair animale sont dans le même cas.
Nous répétons inlassablement nos arguments, pour nous justifier, tenter d'expliquer. Et tant mieux, car il nous faut, collectivement, poser cette question : faut-il manger les animaux ?
Jonathan Safran Foer a produit un ouvrage capital sur le sujet[1]. Des milliers d'écrivains, de penseurs, de scientifiques et de philosophes ont apporté leur pierre à l'édifice, et je n'ai pas la prétention ici d'écrire un livre révolutionnaire.

---

1. Afin de ne pas alourdir le texte de notes, les références citées sont regroupées en fin d'ouvrage, p. 183-190.

Mon ambition, la voici : expliquer ma prise de conscience, donner des faits, regrouper des arguments clairs et robustes destinés aux végétariens ou aux végans qui veulent convaincre, mais aussi et surtout aux millions d'omnivores qui s'interrogent.

Beaucoup admettent aujourd'hui que la viande et le poisson proviennent d'un système violent et destructeur. Il suffit parfois d'en savoir un peu plus pour franchir le pas. L'image de trop, un chiffre supplémentaire ou une nouvelle information. La décision de ne plus manger les animaux peut se prendre en ouvrant les yeux sur ce qu'on refusait de voir. J'en sais quelque chose, je suis passé par là.

1.
L'INTELLIGENCE DU JAMBON

Je n'aimais pas les animaux. J'aimais les manger, ça oui, j'aimais le goût de leur chair. Mais je n'ai jamais eu un animal de compagnie et je n'ai pas envie d'en avoir. N'ayant pas grandi à la campagne, je n'ai pas non plus côtoyé au quotidien des animaux d'élevage. Quand j'étais plus jeune, mes parents avaient un chat. Une femelle nommée Éclipse. Je la caressais de temps en temps. Elle était mignonne avec son pelage roux, noir et blanc caractéristique des « Isabelle », comme on les appelle à Toulouse. Bien des années plus tard, un matin, ma petite sœur la trouva morte dans le couloir. Je ne ressentis pas de tristesse particulière, juste un peu de nostalgie associée à des souvenirs d'enfance. Quant aux chiens, je m'en suis toujours méfié. Ceux qui aboient quand on s'approche me mettent encore mal à l'aise aujourd'hui. Et, même si je regarde désormais les animaux avec plus de tendresse et d'intérêt, je ne les apprécie pas au point de passer des heures à m'en occuper. En revanche, je ne les tue plus. À l'inverse, beaucoup parmi nous disent les adorer, tout en rémunérant des industriels qui les exécutent à leur place. Pour des millions d'individus, le chien ou le chat est considéré comme un membre à part entière de la famille. Ils le protègent, le cajolent et lui reconnaissent un caractère et des sentiments similaires à ceux de l'être humain. Mais, dans le même temps, ils mangent du cochon, des vaches ou du poulet. L'affection qu'ils éprouvent pour un animal ne les empêche pas d'en faire souffrir indirectement des milliers d'autres, élevés et abattus dans des conditions effroyables.

Mon meilleur ami s'appelle Bastien. Il est comme un frère pour moi. Nous nous sommes rencontrés quand nous avions six ans. Mes parents venaient de quitter l'Alsace pour s'installer dans une banlieue pavillonnaire à côté de Toulouse. Bastien habitait la maison d'en face, avec sa sœur et ses parents. Sa mère, Marie-Jo, une femme d'une douceur et d'une gentillesse sans pareilles, adorait les animaux. Elle s'occupait de chats, de chiens et d'oiseaux dont elle prenait soin comme une maman de ses enfants. Les voir malades ou blessés la rendait profondément triste, inquiète. Quand un chat abandonné traînait dans le quartier, elle lui offrait des croquettes puis finissait par l'adopter. Sa maison était un refuge pour bêtes délaissées en tout genre. Marie-Jo aurait été bien incapable de tuer une poule égarée dans son jardin. Elle l'aurait plutôt recueillie, soignée, nourrie, tenue à l'abri des prédateurs. La poule aurait mené une existence confortable et paisible sous l'œil attendri de son ange gardien. Pourtant, Marie-Jo mangeait du poulet, qu'elle achetait en barquettes au Leclerc de Saint-Orens. Elle n'aimait pas la viande rouge, mais elle préparait aussi du bœuf et du porc pour son mari et ses enfants.

Comment une femme si préoccupée par le sort des animaux, qui consacrait une bonne partie de son temps à en prendre soin, pouvait-elle acheter et manger de la chair ? Comment l'industrie de la viande, qui cause la souffrance et la mort de millions d'êtres vivants chaque année, parvient-elle à vendre ses produits à la plupart d'entre nous, y compris à ceux qui se soucient du bien-être animal ?

Deux grandes explications. D'abord, la mise en place par les industries agroalimentaires d'une omerta totale autour des conditions d'élevage et d'abattage des animaux que nous mangeons. « Si tous les abattoirs avaient des murs en verre, tout le monde serait végétarien », disait l'ancien Beatles Paul McCartney. Malheureusement, les lieux de tueries possèdent des murs épais et les professionnels du secteur sont prêts à tout pour qu'aucune information ne filtre. Nous y reviendrons dans un prochain chapitre, avec ceux qui ont observé le système de l'intérieur.

Mais les amoureux des chiens et des chats mangent aussi des vaches ou des porcs en raison d'une croyance encore profondément ancrée : les êtres vivants que nous consommons ne sont pas dotés d'intelligence et de sensibilité. En tout cas, pas autant que nos animaux de compagnie.

« Non seulement le nombre de chiens et de chats s'est accru, atteignant respectivement 10 millions et 7,5 millions sur le territoire français, mais l'animal de compagnie a, en quelque sorte, changé de statut, écrit le biologiste Yves Christen, spécialiste de l'intelligence animale. De moins en moins esclave, gardien ou chasseur de souris, il s'impose de plus en plus comme un compagnon. On le nourrit avec des boîtes achetées au supermarché, et non plus avec de mauvais restes ; on l'emmène chez le vétérinaire s'il tombe malade. Désormais, il existe même des cimetières pour les bêtes et des psychothérapeutes se spécialisent dans l'animal de compagnie. »

Un chien ou un chat n'est plus seulement un animal. Il devient un individu à part entière, avec une personnalité. Tel chien est fainéant et dort toute la journée ; tel chat est timide et préfère les femmes aux hommes ; quant au berger allemand du voisin, il est joueur avec les enfants mais ne supporte pas ses congénères... La mère de mon ami Bastien était capable d'énumérer de manière très précise les sentiments et les traits de caractère spécifiques qu'elle attribuait à ses compagnons non humains. L'écrasante majorité des propriétaires d'animaux domestiques se comporte ainsi. Des milliers de particuliers mettent d'ailleurs en scène les chiens et chats de la famille dans des vidéos virales, où l'on croit reconnaître des émotions ou des comportements humains. Ici, un labrador content de revoir son maître après plusieurs mois d'absence. Là, un caniche qui, pense-t-on, fait l'innocent après avoir saccagé un canapé.

Cette personnification des animaux domestiques nous impose des règles et des tabous. Aucun père de famille n'aurait l'idée de manger son fidèle compagnon. Les enfants ne lui pardonneraient jamais une telle infamie. Et ceux qui maltraitent leur boule de poil en la frappant, en la privant de nourriture, voire en la torturant lors de jeux sadiques et stupides, sont à la fois punis par la loi et jetés en pâture à la vindicte populaire.

2 mai 2018, Liévin, dans le Pas-de-Calais. Un promeneur trouve le cadavre d'un chien de race cane corso au pied d'un terril. Le corps de l'animal est transpercé par un pieu. Il a aussi un œil crevé et porte la trace de nombreux coups de couteau. Le couple propriétaire de Little Boy – c'était le nom du chien – avait demandé à deux de ses amis de s'en débarrasser car il effrayait sa maîtresse. Les deux complices l'ont non seulement tué mais aussi torturé. Finalement arrêtés, traduits en justice, ils ont été condamnés respectivement à un an et à neuf mois de prison ferme.

4 mars 2018, dans l'Essonne. Un homme de vingt-deux ans se filme sur le réseau social Snapchat, populaire chez les jeunes, en train de frapper un chiot à coups de ceinture. Six mois de prison avec sursis, 1 000 euros d'amende et interdiction de posséder un animal.

Printemps 2018, dans la région de Caen. Un homme de cinquante ans, père de famille et cadre dans l'industrie, torture une quinzaine de chats. Il les attire avec de la nourriture puis les blesse gravement, en leur broyant les pattes. Dix-huit mois de prison, dont neuf ferme.

Énumérer l'ensemble des condamnations pour actes de cruauté envers des animaux domestiques serait trop long. Il y en a des centaines. Comme la quasi-totalité de la population, j'estime que ces peines sont méritées. Certains voudraient même qu'elles soient plus lourdes. De nos jours et dans nos sociétés occidentales, il paraît naturel de sanctionner durement les bourreaux de chiens ou de chats. Mais, paradoxalement, torturer et tuer des centaines de millions de vaches, de porcs, de poulets et de poissons chaque année provoque beaucoup moins d'émotions. Des études scientifiques ont pourtant prouvé depuis longtemps que tous les mammifères, de même que la plupart des vertébrés, ressentent de la douleur quand on porte atteinte à leur intégrité corporelle. Un homme, un cochon ou un chien possèdent les mêmes récepteurs sensoriels et les mêmes structures nerveuses qui transportent les messages à travers l'organisme jusqu'au cerveau. Pour être clair : un porcelet qu'on castre sans anesthésie, comme c'est l'usage en France, ressent physiologiquement la même chose qu'un chien ou qu'un humain qui subirait une telle amputation. Sauf qu'on ne castre pas les hommes et que les chiens, eux, sont systématiquement endormis avant l'opération.

Cette schizophrénie m'a sauté aux yeux subitement, il y a quelques années. Je ne me souviens plus quelle image, quelle pensée, ou quelle discussion m'a fait tiquer. J'ai pris conscience, en un instant, que j'ignorais tout des animaux dont je mangeais la chair. Je savais que telle marque de jambon était meilleure que telle autre. Que, dans mon tartare de bœuf, je ne voulais pas de coriandre. Que le serrano et le melon se mariaient à merveille. Mais je ne savais rien de la matière première dont je me nourrissais, jusqu'à ce qu'elle finisse dans mon assiette. Or, si nous connaissions davantage les animaux d'élevage et les poissons, sans doute les considérerions-nous comme des individus, au même titre que nos chiens et nos chats. Il nous deviendrait alors impossible de leur faire du mal et de les tuer pour les manger.

« C'est le recours à une différence métaphysique qui sert à justifier l'utilisation [...] illimitée de l'animal, explique la philosophe Florence Burgat, dans son livre *Animal, mon prochain*. Pensé par opposition au référent normatif "homme" dont il serait l'envers, l'animal est défini selon une structure privative qui met invariablement en relief un manque essentiel : il est sans âme, sans raison, sans liberté, sans conscience, bref, appréhendé à travers une série de négations ou de soustractions. »

Nous exploitons, tuons et mangeons les animaux parce que nous estimons que ce sont des êtres vivants de seconde zone, beaucoup moins complexes et sensibles que nous, bien entendu, mais également que nos chiens et chats, à qui nous attribuons notre propre sensibilité. Or, nous allons le voir, bon nombre de travaux scientifiques démontrent le contraire.

Le cas du porc est frappant. L'expression populaire « on ne va pas donner de la confiture aux cochons » traduit le mépris ancestral que l'être humain voue à cet animal. Dans l'imaginaire collectif, le porc est associé à la saleté, à la grossièreté, à l'impur et, plus récemment, au harcèlement sexuel. Il vivrait dans la boue et les excréments, si bien qu'il n'inspire ni la crainte, ni l'admiration, ni l'attendrissement, mais le dégoût. Pourtant, le cochon est un animal au moins aussi intelligent que le chien.

« On sait depuis longtemps que les porcs sont des êtres subtils, affectueux, sensibles et dotés d'une intelligence très développée », explique Yves Christen, en sirotant sa bière fraîche. Il fait partie de ces personnes que je peux écouter pendant des heures, sans m'ennuyer une seconde. Je le retrouve un jour de septembre, dans un restaurant près du canal Saint-Martin, à Paris. J'attendais ce déjeuner depuis longtemps car, quand on s'intéresse un peu à l'intelligence animale, Yves Christen, soixante-dix ans, est un personnage incontournable. Président de la Société française de biologie, éthologue[1], spécialiste des léopards – à qui il a consacré de longues années de sa vie –, il a écrit de nombreux ouvrages sur les capacités cognitives des animaux et la manière dont nous les considérons. Physiquement, il est exactement comme je l'imaginais. Un petit monsieur aux cheveux blancs, chemisette, lunettes sur le nez et accent du Sud prononcé qui trahit ses origines marseillaises. Intrigué par ma démarche d'écriture, il a accepté de m'accorder un peu de son temps. C'est lui qui m'a aiguillé vers la plupart des études et des données qui vont suivre. Les porcs et les autres animaux que

---

1. L'éthologie est la science qui étudie les comportements des espèces animales dans leur milieu naturel.

nous consommons sont des êtres intelligents, je m'en doutais, mais j'étais loin d'imaginer à quel point avant de le rencontrer.

« Les animaux d'élevage ont été relativement peu étudiés, me dit-il d'emblée. La principale raison, c'est qu'ils n'étaient pas faits pour. Une vache, un poulet ou un cochon, aux yeux des humains, c'est là pour être bouffé. Donc, pendant longtemps, nous, les scientifiques, on ne s'est pas intéressés à leurs facultés cognitives[1] et relationnelles. Je dirais même qu'on a plutôt fait exprès de ne pas s'y intéresser. Parce que dès lors que tu prends conscience qu'une vache a des émotions, qu'elle a peur quand elle te voit arriver ou au contraire qu'elle accepte que tu lui fasses un câlin, qu'elle éprouve de l'empathie ou qu'elle utilise des stratagèmes pour protéger ses petits, eh bien, tu ne peux plus l'amener à l'abattoir. »

Effectivement, la littérature scientifique sur les animaux d'élevage est peu fournie. Il existe plus d'études sur les grands singes que sur les animaux destinés à la consommation humaine, toutes espèces confondues. Cela peut se comprendre : entre observer des gorilles dans la forêt en Ouganda ou des vaches dans la campagne française, qui choisirait les charolaises ?

Dalila Bouvet est éthologue au laboratoire d'éthologie et cognition comparées à l'université de Paris-Ouest-Nanterre-La Défense. Elle a longtemps travaillé sur les primates et est désormais spécialiste des perroquets.

« Même aujourd'hui, les études sur les animaux d'élevage restent marginales, me dit-elle au téléphone. En France, ce sont surtout les chercheurs de l'Institut national de la recherche agronomique [Inra] qui travaillent dessus. Et ils ne sont pas dans une position facile. Ils ne peuvent pas dire trop de mal de l'élevage industriel qui finance une partie de leurs recherches. Je me rappelle, quand j'étais étudiante,

---

1. La cognition est l'ensemble des processus mentaux qui se rapportent à la fonction de connaissance et mettent en jeu la mémoire, le langage, le raisonnement, l'apprentissage, l'intelligence, la résolution de problèmes, la prise de décision, la perception ou l'attention

j'avais fait un stage dans un labo de l'Inra qui était censé bosser sur le bien-être animal. Les expériences consistaient à placer les bêtes dans des situations de stress, à les séparer de leurs petits. J'ai vite arrêté. »

Pendant des décennies, même quand des scientifiques indépendants se penchaient sur le bétail, les cochons ou les volailles, la manière de les étudier était conditionnée par des a priori.

Le mouton est considéré par la plupart d'entre nous comme un être exclusivement grégaire, suivant le reste du troupeau sans réfléchir, privé d'intelligence individuelle. Le mot *mouton* lui-même est devenu péjoratif. Un être humain dépourvu d'esprit critique, soumis à l'autorité ou au discours dominant, ou participant bêtement à un mouvement de masse, sera qualifié de « mouton ». Dans son morceau « J'accuse », qui critique la société de consommation, le musicien Damien Saez chante : « Oh non l'homme descend pas du singe / Il descend plutôt du mouton[1]. » Cette phrase, qui se veut dévalorisante pour l'espèce humaine, résume assez bien le problème : les singes sont considérés comme particulièrement évolués puisque nous partageons avec eux des ancêtres communs, alors que les moutons seraient, par principe, dénués d'intelligence.

Au sein de la communauté scientifique, la primatologue Thelma Rowell, spécialiste des babouins, a été l'une des premiers à s'être remis en question. « Rowell s'est fondée sur ce que sa propre pratique lui avait appris, écrit Vinciane Despret, éthologue et philosophe, dans l'ouvrage collectif *Révolutions animales*. Comment a-t-on rendu les primates intéressants ? En leur adressant des questions sophistiquées qui pouvaient les intéresser alors qu'on a longtemps réservé aux autres, dont les moutons, des questionnements autour de la nourriture, la reproduction et la hiérarchie, rien qui leur permette de révéler de véritables compétences. [...] Rowell poussera l'audace jusqu'à poser la question : "Qu'a-t-on demandé aux

---

1. Damien Saez, *J'accuse*, Wagram Music.

moutons jusqu'à présent ? On leur a demandé comment ils convertissaient de l'herbe en gigot. Les moutons sont-ils bêtes parce que ce sont des animaux peu sophistiqués ou sont-ils bêtes parce qu'on leur a posé des questions qui ne rendent pas très intelligents ?" »

Thelma Rowell se met donc à étudier les moutons avec autant d'exigence et d'intérêt que les singes. Et ses découvertes sont époustouflantes. Dans une étude publiée en 1993 dans la revue *Ethology*, elle démontre que ces animaux font preuve d'une intelligence émotionnelle et sociale égale ou supérieure à celle des primates. « Les moutons sont sans cesse en train de fabriquer des liens », écrit-elle. La primatologue constate notamment que les moutons ne suivent pas bêtement le reste du troupeau. Ils adoptent des comportements différenciés face à une même situation. Par exemple, si la quantité de nourriture qui leur est fournie est insuffisante pour alimenter tous les membres du groupe, certains choisissent l'affrontement physique avec leurs congénères tandis que d'autres négocient ou partagent. Bref, ils sont des individualités et ont des caractères distincts, tout en étant capables de lier des amitiés de longue durée.

Thelma Rowell a ouvert la voie à d'autres scientifiques. En 2001, une équipe de chercheurs britanniques révèle que les moutons reconnaissent les visages, y compris sur des photographies. « Comme chez les singes ou les humains, une petite population de cellules dans le cortex préfrontal du cerveau des moutons encode les visages différemment des autres objets visuels », relatent les scientifiques. Les animaux peuvent garder en mémoire les traits d'une cinquantaine de leurs congénères. Même après une séparation d'environ deux ans, ils se souviennent de leurs vieux compagnons et réagissent en bêlant lorsqu'on leur montre un cliché de ces amis disparus.

Plus encore, en 2017, des chercheurs de l'université de Cambridge ont appris à un groupe de huit moutons à identifier les visages de célébrités photographiées. Après quelques jours d'entraînement, les animaux étaient capables de reconnaître…

Barack Obama. Pour en arriver à cette conclusion, les scientifiques présentaient deux portraits aux moutons : l'un représentait l'ancien président américain et l'autre, un anonyme. À chaque fois que l'animal choisissait Obama, il recevait une récompense. Résultat sans appel : dans 80 % des cas, les moutons sélectionnaient la photo de l'ancien président. Bien plus que les 50 % attendus si leurs choix avaient été le fruit du hasard.

« Les moutons sont capables de prendre des décisions sophistiquées. Ils ont un gros cerveau à l'anatomie proche de celui de l'homme », expliquait en 2017 au *Washington Post* l'un des auteurs de l'étude, la neurobiologiste Jenny Morton. « Et ils arrivent à se réconcilier après une dispute ! » s'enthousiasme Yves Christen.

Des études montrent même que certains animaux de ferme, dont les moutons, ont des capacités métacognitives. Autrement dit : ils savent qu'ils savent.

Les chercheurs K. Hagen et D. M. Broom ont enfermé des vaches dans un enclos dont elles pouvaient ouvrir la barrière en pressant un panneau à l'aide du museau. Si l'animal comprenait le fonctionnement du dispositif et donc réussissait à sortir de l'enclos, il accédait à de la nourriture. Eh bien ! non seulement les génisses trouvaient comment actionner le panneau, mais les scientifiques ont aussi constaté une hausse du rythme cardiaque et des signes physiologiques traduisant une excitation lorsqu'elles réussissaient à ouvrir la barrière. On appelle cela l'« effet Eurêka ». Les génisses se savaient capables d'ouvrir l'enclos et cela les réjouissait.

Les vaches, qui, soit dit en passant, ont une meilleure ouïe et un meilleur odorat que nous, sont aussi particulièrement sensibles à la manière dont les humains les traitent. Dans une étude publiée en 1997, des scientifiques ont montré qu'elles évitaient les personnes qui leur faisaient du mal et se rapprochaient de celles qui leur réservaient un bon traitement. En 2017, dans la revue scientifique *Animal Behavior and Cognition*, les chercheuses en neurosciences Lori Marino et Kristin

Allen dressent un tableau complet de l'état des connaissances concernant la psychologie des vaches : « Elles sont bien plus sophistiquées et sensibles que de simples animaux brouteurs tels qu'elles sont perçues par de nombreux humains. Cette idée reçue, incompatible avec la réalité scientifique, a été largement maintenue par de puissantes forces économiques et politiques. » Les chercheuses parlent ici, sans le citer, du lobby de la viande. « De plus, le corpus de connaissance scientifique a été façonné et limité de la même manière par cette idéologie, ajoutent-elles. Or, la littérature actuelle démontre : 1) que les vaches sont capables de faire des discriminations sophistiquées entre non seulement les objets mais aussi les humains et leurs congénères ; 2) qu'elles possèdent plusieurs capacités émotionnelles, telles que le biais de jugement cognitif[1] ; 3) qu'elles manifestent une réaction émotionnelle apparente à l'apprentissage ; 4) qu'elles ont des personnalités distinctes ; 5) qu'elles présentent plusieurs dimensions de complexité sociale, y compris l'apprentissage social[2]. »

Rendons aussi justice aux poulets. Nous le verrons, c'est l'animal d'élevage le plus consommé dans le monde et celui auquel l'être humain réserve le traitement le plus ignoble. Et pourtant... « Au sein de la culture occidentale, on a tendance à associer à tort les poulets à la lâcheté et à la stupidité, regrette Annie Potts, professeure au centre pour les études homme-animal à l'université de Canterbury dans *Révolutions animales*. En réalité, un tel préjugé ne date que d'un siècle environ ; dans les sociétés antiques comme dans les plus récentes, les poules et les coqs étaient respectés et même admirés pour leurs facultés à monter la garde, à se protéger les uns les autres, à élever leurs petits et à communiquer

---

1. Un biais cognitif est une forme de pensée qui dévie de la pensée logique et rationnelle et qui a tendance à être systématiquement utilisée dans certaines situations.
2. Manière d'apprendre de nouveaux comportements en observant d'autres individus.

entre eux. Au siècle dernier, l'industrialisation intensive des élevages produisant œufs et viande n'est pas seulement responsable d'avoir enfermé ces volatiles dans des conditions horribles et cruelles ; elle nous a aussi coupés des réalités de la vie naturelle qu'ils menaient et de ce qu'étaient naguère leurs mœurs à travers le monde. »

Ces animaux de basse-cour sont complexes et sophistiqués. Certes, le cerveau des poulets, comme celui de la plupart des oiseaux, est de petite taille. Il n'empêche qu'il est multitâche et qu'il dispose d'une mémoire complexe et d'une excellente capacité de résolution des problèmes, comme le cerveau humain. « Les oiseaux ont évolué séparément des mammifères depuis environ trois cents millions d'années, donc ce n'est pas surprenant que leur cerveau soit différent, explique la professeure Murray Shanahan de l'Imperial College de Londres, dans un article de *Science Daily* de 2012. Cependant, les oiseaux se montrent remarquablement intelligents, d'une façon comparable aux mammifères tels que les humains ou les singes. »

Comme les moutons, les poulets peuvent reconnaître leurs congénères – jusqu'à une centaine d'entre eux – et les classer en fonction de leur rang social. Mais pas seulement ! Les poulets identifient aussi les humains, et évitent ceux qui leur ont laissé un mauvais souvenir. Autre prouesse : cette espèce est capable d'envisager l'avenir, comme l'a prouvé en 2005 le chercheur Siobhan Abeyesinghe de l'université de Bristol en Grande-Bretagne.

Dans son expérience, le scientifique proposait deux options à ses poulets : appuyer sur un bouton qui délivrait une petite quantité de nourriture au bout de deux secondes, ou en actionner un second qui libérait une plus grande quantité de grains mais après six secondes d'attente. Dans la majorité des cas, les oiseaux choisissaient la deuxième option. Ils préféraient patienter pour avoir plus à manger. Autrement dit, les poulets font preuve de self-control et réussissent à se projeter dans le temps. Auparavant, on pensait cette capacité réservée aux humains ou aux primates.

Giorgio Vallortigara, de l'université de Trento en Italie, pionnier de la recherche cognitive chez le poulet, a, lui, montré que les poussins possèdent dès la naissance des capacités étonnantes. « Nous avons découvert que les poussins connaissent les principes de base de la physique, comme la solidité, qu'ils maîtrisent l'arithmétique de base avec de petits nombres, ou encore qu'ils utilisent la géométrie pour s'orienter et se déplacer dans un espace clos », explique-t-il dans une récente interview au site Uncooped, qui dépend du Musée de l'animal de Los Angeles. Pour une étude menée par sa collègue Rosa Rugani, de l'université de Padova, toujours en Italie, les chercheurs placent cinq objets en plastique (des contenants de Kinder Surprise) près de poussins à peine sortis de l'œuf. Après quelques jours de cohabitation, les scientifiques retirent les objets sous les yeux des jeunes oiseaux puis en cachent deux derrière une cloison et trois derrière une autre. Résultat : les poussins vont majoritairement vers la cloison cachant les trois objets. Et si l'équipe décide, toujours sous le regard des animaux, de changer la répartition des objets, les poussins s'obstinent à aller vers la cloison en cachant le plus grand nombre. S'ils agissaient au hasard, ils se répartiraient équitablement entre les deux cloisons. Conclusion des chercheurs : ils savent compter.

Les poussins sont aussi capables de déduire un tout d'une partie. Cela veut dire qu'ils peuvent se représenter un objet dans son entièreté alors qu'ils ne le voient que partiellement, ce que les bébés humains n'arrivent pas à faire avant l'âge de quatre ou cinq mois. « Ainsi donc, chez les poulets, les processus cognitifs impliqués dans la pensée représentationnelle sont, semble-t-il aujourd'hui, similaires à ceux que requiert l'apprentissage par association chez les êtres humains », écrit Annie Potts.

Les poulets ont également une manière de communiquer très sophistiquée. Un vrai langage. Ils peuvent utiliser jusqu'à trente vocalisations distinctes pour transmettre une importante quantité d'informations au reste du groupe. Ils poussent des cris d'alarme en cas de danger, bien sûr, mais alertent aussi leurs congénères lorsqu'ils découvrent de la nourriture. Et ils ne se contentent pas de dire « j'ai trouvé à manger », puisqu'ils vocalisent de manière différente suivant qu'il s'agit d'un mets apprécié ou pas. Ainsi, quand un coq tombe sur des vers – le must pour les poulets – et qu'il en informe les femelles aux alentours, elles accourent plus vite que s'il signale une nourriture moins recherchée.

 Revenons à nos cochons. Yves Christen les a beaucoup observés à l'état sauvage, en Afrique. « J'ai passé des dizaines et des dizaines d'heures avec les phacochères[1] parce que les léopards adorent les chasser. Et je peux te dire que c'est tout sauf un animal idiot qui ne pense qu'à bouffer et qui se fait attraper à chaque fois. Les porcs sont extrêmement prudents, très rusés, et ils passent le test du miroir ! »

 Le test du miroir, qui consiste à savoir si un animal comprend – ou non – que l'image que lui renvoie une glace est un reflet, est l'épreuve indispensable pour se voir attribuer par les scientifiques une conscience de soi. Peu d'animaux le réussissent. Les éléphants, les singes, les pies, les dauphins et… les cochons. Ils comprennent que le miroir renvoie une réflexion du monde et d'eux-mêmes, puisqu'ils sont capables de s'en servir pour obtenir des informations, comme la localisation de nourriture cachée. À ce petit jeu, nos meilleurs amis les chiens ont beaucoup plus de mal.

 Et la saleté proverbiale des cochons, alors ? « Les cochons vivent dans la boue et les excréments parce qu'on les y met ! » lâche Yves en riant, comme si c'était une évidence. En liberté, quand il fait chaud, les porcs peuvent par moments se couvrir de boue mais seulement pour se protéger du soleil et se débarrasser des parasites. Comme ils ne transpirent pas, ils aiment se rafraîchir en se baignant dans l'eau claire. Et, surtout, ils ne font jamais leurs besoins à l'endroit où ils mangent et dorment. Or, en élevage, les cochons sont la plupart du temps entassés dans des espaces confinés et n'ont d'autre choix que

---

1. Les phacochères sont des cochons sauvages.

de patauger dans leurs déjections. Une souffrance pour des animaux qui n'en finissent pas d'étonner les chercheurs.

Yves m'a conseillé de lire l'étude du docteur Stanley Curtis, de l'université de Pennsylvanie. En 1997, alors que personne ne s'intéresse vraiment aux porcs, le scientifique a l'idée de tester leur habileté aux jeux vidéo. Le jeu consiste à placer un curseur dans une zone déterminée sur l'écran à l'aide d'un joystick. Ses deux spécimens, Hamlet et Omelette – on notera l'humour – réussissent parfaitement l'exercice, mais y prennent surtout du plaisir. « Ils suppliaient pour jouer aux jeux vidéo. Ils voulaient être les premiers à sortir de l'enclos puis ils trottaient sur la rampe pour aller s'amuser », écrit Stanley Curtis.

« Les cochons sont très bons sur ordinateur alors que c'est physiologiquement compliqué pour eux, insiste Yves. Pour les singes, par exemple, c'est beaucoup plus facile, car ils ont des doigts. Les cochons doivent manipuler le joystick avec leur groin. »

Selon Curtis, ces animaux d'élevage sont plus doués que les chiens pour se servir de ce genre d'appareil. « Il disait même qu'Hamlett était plus habile qu'un chimpanzé », renchérit Yves.

Avant cette étude, Stanley Curtis avait déjà appris à ses cochons à régler eux-mêmes la température de leur enclos. Et les chercheurs s'accordent aujourd'hui à dire que les porcs réussissent généralement mieux les épreuves destinées à mesurer les capacités d'apprentissage que les chiens, les chats, les chevaux et la plupart des autres mammifères.

De nombreux éthologues, biologistes et neuroscientifiques estiment que la compréhension du fonctionnement cognitif des porcs n'en est qu'à ses débuts. Lyall Watson, un naturaliste sud-africain aujourd'hui disparu, qui travailla notamment sur les éléphants et les baleines, écrivit dans un livre consacré aux cochons : « Je ne connais aucun autre animal qui soit plus curieux, plus disposé à tenter de nouvelles expériences, plus enthousiaste à découvrir le monde. J'ai découvert que les porcs sont d'incurables optimistes. »

Les éthologues sont même d'accord pour dire que les porcs sont capables, comme les hommes, d'intelligence « machiavélienne », c'est-à-dire de développer par moments des stratégies de diversion ou de dissimulation pour tromper leurs semblables. Par exemple, une truie seule à connaître l'emplacement d'un stock de nourriture et suivie par des congénères peut volontairement prendre une mauvaise direction pour ne pas révéler la localisation des victuailles. Elle attendra d'être seule pour aller se régaler sans vendre la mèche à ses camarades.

Génétiquement, on sait depuis longtemps que les porcs sont proches de nous. « Il y a plus de similitudes entre le cochon et l'homme qu'entre le rat et la souris », concluait en 2012 le généticien Alan Archibald, après la publication dans la revue *Nature* d'une analyse du génome de l'animal d'élevage. Mais toutes nos ressemblances et l'intelligence développée des porcs n'y changent pour l'instant pas grand-chose : l'être humain éprouve en général peu de bienveillance pour cette espèce. Et eux, sont-ils capables d'empathie à notre égard ?

Cette question m'a beaucoup taraudé. Peut-être ne mangeons-nous pas les chiens parce qu'ils nous protègent du danger ? Après tout, ils gardent la maison, réagissent en cas d'agression, utilisent leur odorat surdéveloppé pour retrouver des humains coincés sous une avalanche, guident des personnes malvoyantes et leur facilitent la vie... Cependant, les chiens sont-ils, avec les chats, les seuls capables d'aimer les humains ? Il aurait été plus confortable d'un point de vue éthique que les cochons et les autres animaux destinés à finir dans nos assiettes soient totalement indifférents à notre espèce. Ce n'est pas le cas.

« Les gens qui ont des cochons chez eux le savent bien : ce sont des bêtes très appréciables avec lesquelles il est facile de créer des liens », assure Yves. Il existe de nombreux exemples de porcs venus en aide à des humains en difficulté. Le cas le plus célèbre est sans doute celui de Lulu, une truie de Pennsylvanie, traitée comme un animal de compagnie par ses propriétaires. En 1998, Jo-Ann, la mère de famille, est victime d'une crise cardiaque. Malheureusement, son mari est à la pêche. Elle est donc seule chez elle, avec Lulu et Bear, le chien. Voyant sa maîtresse à terre qui appelle à l'aide, ce dernier se met à aboyer. Lulu, elle, constatant que le bruit du toutou ne règle pas la situation, quitte la maison, s'entaillant au passage la panse dans la trappe pour chiens trop étroite pour elle, traverse le jardin et s'allonge sur la route. Lorsqu'un conducteur s'arrête, intrigué par la présence d'un cochon inanimé et en sang sur la chaussée, Lulu se relève et guide l'homme jusqu'à la maison. Médusé, il découvre Jo-Ann et appelle les secours. La mère de famille est sauvée in extremis. À quinze minutes près, il était trop tard.

Les histoires de ce type sont plus fréquentes dans le monde anglo-saxon, particulièrement aux États-Unis, où il est moins rare qu'en France d'avoir un cochon comme animal de compagnie. On peut aussi citer le cas d'un jeune porc sauvant un enfant de la noyade à Houston, au Texas. Ou encore cette fermière du pays de Galles, coincée dans une tourbière, qui doit la vie à une truie. « Je paniquais, je ne savais pas quoi faire et je pense qu'elle l'a senti. J'ai accroché une corde autour de son corps et elle m'a doucement tirée. Sans elle, je n'aurais pas réussi à me libérer », expliquait la propriétaire à la BBC après sa mésaventure.

Les cochons, en tout cas certains d'entre eux, sont donc capables d'empathie envers les humains. Pourquoi n'en aurions-nous pas, nous aussi, à leur égard ?

2.
ÉMOTIONS ANIMALES

On voit souvent les animaux d'élevage comme des animaux peu sophistiqués, dont l'unique fonction consiste à se nourrir et à se reproduire, sans jamais rien ressentir de particulier. En fait, cette image ne correspond en rien à la réalité. Aucun d'entre eux n'est dénué de sensibilité. Au contraire. Prenons l'exemple des poulets. Il a été démontré, notamment par Annie Potts, qu'ils expriment des émotions telles que la peur, l'enthousiasme, l'anxiété, la frustration, l'amitié ou le deuil. Dans son livre *Chicken*, paru en 2012, la chercheuse raconte une histoire empruntée au zoologiste britannique Maurice Burton (1898-1992). Une poule, âgée et presque aveugle, était aidée au quotidien par l'une de ses congénères, plus jeune et en parfaite santé. Celle-ci ramassait de la nourriture pour la donner à son aînée et, le soir venu, l'aidait à s'installer dans un nid pour passer la nuit. Mais, un jour, la vieille poule est morte. Sa jeune amie, pourtant en bonne forme physique, a alors subitement cessé de s'alimenter et sa santé s'est dégradée. Au bout de deux semaines, elle est morte à son tour. Cette « altération prolongée du comportement par rapport à la routine de base chez un survivant » est le signe du deuil, selon Barbara J. King, biologiste et anthropologiste américaine, auteure du livre *How Animals Grieve* (2013). On savait depuis longtemps que les singes, les éléphants, les girafes ou les dauphins pouvaient être fortement impactés par la disparition d'un de leurs proches. On sait désormais que c'est aussi le cas chez les espèces que nous mangeons.

Les exemples, tels que celui rapporté par Maurice Burton, sont nombreux. Barbara J. King raconte encore l'histoire de deux canards, Harper et Kohl, rescapés d'une usine à foie gras et pris en charge par un refuge. À leur arrivée, les deux animaux étaient en mauvaise santé et avaient peur des humains. Pendant quatre ans, ils restèrent ensemble, se mêlant peu à leurs congénères. Kohl souffrant énormément des séquelles de sa vie en élevage intensif, il fallut se résoudre à l'euthanasier. Pour qu'il ne soit pas décontenancé par la subite disparition de son compère, les employés du refuge laissèrent Harper observer l'opération. Après l'euthanasie, il demeura allongé sur le corps de Kohl pendant des heures. Par la suite, visiblement très affecté, il refusa la compagnie des autres canards et mourut deux mois plus tard.

Bien sûr, ces observations ne sont pas généralisables. Tous les oiseaux de basse-cour ne réagissent pas forcément de cette façon à chaque fois qu'un de leurs proches congénères disparaît.

« En fonction de leurs personnalités et du contexte, la capacité de deuil peut – ou non – s'exprimer, comme chez les humains, écrit Barbara J. King. Toutes les femmes et tous les hommes ne sont pas forcément endeuillés quand un de leurs proches décède. Ou alors ils peuvent l'être de manière intime, sans que les autres s'en rendent compte. Ou bien seulement quand ils sont seuls. » Chez les poulets, c'est la même chose, assure la scientifique. Beaucoup d'éleveurs peuvent n'avoir jamais constaté de signes de deuil chez leurs animaux. Cela ne signifie pas qu'ils n'éprouvent pas ce sentiment.

La communauté scientifique a longtemps été réticente à attribuer des émotions considérées comme spécifiquement humaines aux animaux. Jusque récemment, celles et ceux qui s'y prêtaient étaient accusés d'anthropomorphisme[1].

Mais les choses évoluent. De nombreux éthologues et biologistes n'ont plus ces pudeurs aujourd'hui. Parmi eux, le

---

1. L'anthropomorphisme est la tendance qui consiste à attribuer aux animaux des réactions humaines.

célèbre primatologue néerlandais Frans de Waal. Il dénonce l'« anthropodéni » de certains chercheurs, qu'il définit comme la tendance vaniteuse des hommes à se croire incomparable aux autres espèces. Je l'ai interviewé en novembre 2018 lors de son passage à Paris : « Je fais une distinction entre sentiments et émotions. Les sentiments sont des états privés. Vous pouvez me dire que vous êtes triste, ça ne veut pas dire que je sais ce qu'est votre tristesse. Les sentiments des animaux sont donc très durs à déterminer. En revanche, les émotions, on peut les mesurer dans le corps, le sang, les hormones, la température, la voix, le visage… Les émotions sont des états de corps et de mentalité qui nous préparent pour certains comportements. Tous les animaux ont des émotions, des primates aux poissons, en passant par le bétail. »

Dans *Chicken*, Annie Potts assure que les poulets peuvent être comparés aux humains, émotionnellement parlant. « Même s'ils ont sans doute aussi leurs propres formes d'émotion et de conscience que même les travaux scientifiques les plus rigoureux ne peuvent pas commencer à découvrir », écrit la chercheuse.

Il est désormais clairement établi que les gallinacés[1] et les autres animaux d'élevage se soucient des leurs. « La capacité d'empathie est universelle chez les vertébrés. En tout cas chez les mammifères », assure Yves Christen. Pour pouvoir ressentir de l'empathie, il faut être sujet à la contagion émotionnelle, c'est-à-dire avoir la capacité de ressentir les émotions d'un autre, du point de vue de ce dernier. Pour Frans de Waal, c'est la base de l'altruisme. Les êtres humains vivent tous les jours l'expérience de la contagion émotionnelle. Nos congénères – a fortiori nos proches – nous transmettent leurs émotions, positives ou négatives. Voir un parent ou un ami triste nous attriste nous-mêmes. Qui n'a jamais dit « je n'aime pas te voir comme ça » à un être cher, ou « tu me stresses » à un collègue ? Il en est de même pour les animaux que nous mangeons.

1. Famille d'oiseaux à laquelle appartiennent les poulets.

Dans leur article approfondi sur les vaches, les chercheuses en neurosciences Lori Marino et Kristin Allen expliquent : « Une série d'études a montré que les vaches mises en présence de congénères stressées se mettent à stresser aussi et, notamment, se nourrissent moins. » Dans les abattoirs, la contagion émotionnelle joue à plein. « Quand les animaux attendent leur tour, ils sont dans un état de stress intense, note l'éthologue Dalila Bouvet. Il a notamment été observé une modification importante du rythme cardiaque lorsqu'ils entendent les cris de leurs congénères venant de la zone de tuerie. »

Les chercheuses évoquent aussi un phénomène difficile à traduire en français : le *social buffering*. Pour faire simple, si vous rentrez chez vous tard le soir, à travers des ruelles sombres, au moment où les lueurs et les bruits de la nuit rendent l'atmosphère inquiétante, vous serez beaucoup plus angoissé si vous êtes seul que si vous êtes accompagné par un proche. Le *social buffering*, c'est cela : réagir moins intensivement aux situations négatives quand on est en présence d'un ou de plusieurs de ses semblables. C'est vrai pour les humains comme pour le bétail.

« En tant que mammifères ultra-sociaux, les vaches réagissent fortement à leur contexte social et trouvent l'isolement très stressant », écrivent Lori Marino et Kristin Allen. En revanche, elles sont beaucoup plus sereines en groupe. Des tests menés sur des taureaux montrent qu'ils sont moins effrayés en allant à l'abattoir s'ils sont en contact avec leurs congénères. Pas étonnant quand on sait que les bovins entretiennent de fortes relations affectives entre eux.

Pour Alain Boissy et Marie-France Bouissou, chercheurs à l'Inra, « dans les conditions d'élevage, on observe la formation de sous-groupes au sein des troupeaux [...] ainsi que des associations préférentielles entre certains animaux. Ces préférences peuvent être réciproques et sont très stables dans le temps. Des relations d'affinité existent donc entre certains animaux et se traduisant à la fois par une fréquence élevée de contacts non agressifs (par exemple toilettage), une faible fréquence d'interactions agressives et une proximité spatiale. [...] Enfin, ces animaux font preuve d'une grande tolérance mutuelle dans une situation de compétition alimentaire. »

Oui, les vaches ont des amies. Entre copines, elles ne se battent pas, s'entraident – notamment en se nettoyant mutuellement – et ne se disputent pas quand la nourriture vient à manquer. Et chez les bovins, la fibre familiale est encore plus forte. « La base de la structure sociale est, dans la plupart des cas, le groupe familial d'origine matriarcale : quelques femelles et leurs filles adultes, accompagnées des jeunes des deux sexes, expliquent Alain Boissy et Marie-France Bouissou. Il a souvent été difficile, sinon impossible, de mettre en évidence une organisation hiérarchique dans de tels groupes. »

Le lien entre une mère et son veau est particulièrement fort. « Je pense à une anecdote concernant une vache, racontée par une vétérinaire de l'école de Cornell, aux États-Unis, me glisse Yves Christen, en fouillant dans sa mémoire. Comme toutes les vaches, elle avait l'habitude qu'on lui pique son veau à la naissance. C'est ainsi que cela se passe dans l'industrie laitière. Or, cette fois-ci, elle attendait des jumeaux. »

Ça, l'éleveur ne le savait pas. Et pour cause, il n'avait trouvé qu'un seul veau auprès d'elle après la mise bas ! La vétérinaire qui a rapporté cette histoire s'appelle Holly Cheever. Le fermier avait fait appel à elle car il ne comprenait pas pourquoi la vache ne produisait pas de lait alors qu'il lui avait, pensait-il, enlevé le veau dont elle avait accouché. « Après la naissance, cette vache aurait dû produire près de 47 litres par jour, détaillait Holly Cheever en 2011, dans un article intitulé « A Bovine Sophie's Choice ». Cependant, et en dépit du fait qu'elle se portait bien par ailleurs, son pis restait vide. Elle partait au pré le matin après la première traite, revenait pour celle du soir, et restait la nuit en prairie [...]. Mais jamais son pis n'était gorgé de lait comme celui d'une vache qui a mis bas. »

La raison était simple : elle allaitait son deuxième veau en cachette. « Sachant qu'on allait lui prendre le premier, la vache était allée cacher le second dans une forêt près de la prairie », raconte Yves. « Chaque jour et chaque nuit, elle retrouvait et nourrissait son petit, le seul qu'elle ait jamais pu garder auprès d'elle, précise Holly Cheever. Malgré mes efforts pour convaincre l'éleveur de laisser la mère et son petit ensemble, il lui fut finalement enlevé et envoyé dans l'enfer des box à veaux[1]. »

Il y a rarement de happy ends dans l'élevage industriel. « Ça s'est mal fini mais ça prouve une chose : l'idée selon laquelle une vache se fiche éperdument qu'on lui vole son veau, c'est évidemment une absurdité », martèle Yves Christen. Lori Marino et Kristin Allen confirment : « Il existe de nombreuses preuves comportementales que les vaches peuvent posséder non seulement une gamme d'émotions, mais aussi un niveau de complexité des émotions qu'on retrouve chez d'autres mammifères. Un grand nombre de recherches ont confirmé que les vaches et les veaux éprouvent des liens émotionnels forts qui se forment rapidement après la naissance. Toutes les mères montrent des signes de détresse lorsqu'on les sépare de leurs petits. Elles urinent, meuglent continuellement et sont très agitées. Même vingt-quatre heures après la séparation, elles sont toujours en détresse. » Idem, les veaux enlevés à leur génitrice montrent des signes de panique et passent des heures à appeler leurs mères.

Chez les poulets également, des scientifiques ont prouvé récemment que les femelles se préoccupent beaucoup de leurs petits. Elles leur apprennent notamment à chercher et à sélectionner la nourriture, en leur montrant comment gratter le sol. Puis elles observent les progrès et adaptent leur apprentissage en fonction de ce qui est intégré – ou non – par les poussins. Mais, surtout, elles réagissent lorsque leur progéniture est dans une situation d'inconfort ou de danger.

Dans une série d'études débutées en 2011, la chercheuse Joanne Edgar, de l'université de Bristol, observe la réaction

---

1. Voir le chapitre sur les conditions d'élevage du bétail, p. 69.

des poules lorsque leurs poussins sont en difficulté. Pour ce faire, elle sépare les mères des jeunes, avant d'actionner une soufflerie directement orientée sur les poussins (ces animaux détestent recevoir de l'air en pleine figure). Résultat : aussitôt l'expérience commencée, le rythme cardiaque des poules grimpe en flèche et elles multiplient les cris d'alarme destinés à leurs enfants. En revanche, si l'air est soufflé juste à côté des poussins, et non directement sur eux, elles ne réagissent pas.

Les poules ont également appris à distinguer deux boîtes de couleurs différentes. L'une est dotée d'une soufflerie, l'autre non. Quand les poussins sont placés dans la boîte « sûre », les poules restent impassibles. En revanche, leur rythme cardiaque s'accélère à nouveau et elles poussent des cris lorsque leurs petits sont mis dans la boîte avec la soufflerie, même si cette dernière n'est pas actionnée. Les scientifiques en concluent que les poules réagissent aux signes de détresse des poussins mais utilisent aussi leur expérience et leurs connaissances pour anticiper un inconfort potentiel de leur progéniture. « La réaction forte et particulière observée chez les poules indique qu'elles possèdent au moins un attribut essentiel de l'empathie », notent Joanne Edgar et ses collègues, dans le compte-rendu de leur expérience.

Deux ans plus tard, en 2013, dans un ouvrage intitulé *How Animals Grieve*, la biologiste et anthropologue Barbara J. King se penche notamment sur l'entraide au sein des groupes de gallinacés. « De mon enfance à mes cinquante ans, j'ai consommé des centaines de poulets, écrit la scientifique. Les formules "intelligence du poulet" ou "personnalité du poulet" étaient pour moi des oxymores. » C'est à force de fréquenter Jeane, l'une de ses amies propriétaire de poulets dans une banlieue du New Jersey, que les idées et le régime alimentaire de Barbara J. King évoluent. « Mon histoire préférée est celle que j'appelle le sauvetage de la piscine, explique-t-elle dans son livre. Un jour, alors qu'elle était dans sa cuisine, ma copine a entendu des cris alarmants venant du jardin puis a vu les poulets accourir jusqu'à elle. » Jeane raconte alors à la chercheuse comment les volailles se mettent à cogner sur la porte vitrée coulissante avec leurs becs. Intriguée, elle sort de la cuisine, puis les gallinacés la devancent et la conduisent jusqu'à la piscine. Là, Jeane découvre l'une des poules dans l'eau, en train de se débattre, et parvient à la sauver in extremis de la noyade. « Jeane est certaine que la vie de l'animal n'a été sauvée que grâce à l'action de ses congénères, reprend Barbara J. King. L'enchaînement des décisions prises par ces poulets est remarquable. Ils ont réussi à comprendre qu'un de leurs compagnons était en difficulté, ils ont su où aller chercher l'aide d'un humain, comment attirer son attention, et comment le diriger vers la source du problème. »

Ces observations et les travaux scientifiques montrent que les animaux que nous mangeons sont des êtres sensibles et – souvent – solidaires. Un épisode en apparence anecdotique a renforcé mes convictions. Pendant longtemps, sans doute comme une majorité d'humains, j'avais peu d'estime pour les chèvres. J'étais persuadé que ces animaux étaient sans grand intérêt, un peu stupides même, n'ayant comme seul atout le fait de manger les mauvaises herbes. Après ma décision de devenir végétarien, le sort des chèvres, qui sont peu consommées en Europe, me laissait encore indifférent. Mais une expérience m'a fait changer d'avis.

En avril 2018, avec Clément Brelet, mon ami cameraman et compagnon de route pour mes reportages autour du monde, nous sommes en République démocratique du Congo, plus précisément dans la région du Kasaï, touchée par une famine massive après une guerre civile meurtrière. Nous passons une journée dans une communauté religieuse qui recueille des populations ayant fui leurs villages devenus zones de combats. Interviews, séquences, échanges… Notre travail habituel. Mais, au moment de partir, pour nous remercier, le chef de la communauté nous offre une petite chèvre au pelage brun, très jeune au vu de ses cornes à peine formées. Ces gens qui se battent contre la faim nous font un cadeau inestimable. Clément et moi essayons bien de refuser, plusieurs fois, de manière insistante. Impossible.

Notre guide nous fait comprendre que cela serait vécu comme un affront. Nous remercions donc chaleureusement nos hôtes et partons avec la chèvre. L'idée n'est évidemment pas de la manger nous-mêmes, mais de la donner à notre tour à nos accompagnateurs congolais. Au début, l'animal ne manifeste pas de réaction particulière. Elle nous suit gentiment, bien qu'attachée à une corde que je tiens d'une main. À mesure que nous approchons de notre voiture, elle se met à bêler. D'abord doucement, puis beaucoup plus fort. Elle comprend qu'on l'emmène loin de chez elle. En quelques minutes, trois autres chèvres accourent. Des parents ? Des amis ? Aucun moyen de le savoir, mais elles commencent à tourner frénétiquement autour de leur congénère captive en bêlant. Elles se frottent à notre « cadeau », nous courent après quand nous accélérons le pas. Notre chèvre, elle, panique et tire sur la corde de toutes ses forces pour essayer de se libérer.

Je suis en train d'arracher cet animal à son groupe et, de toute évidence, cela ne laisse personne indifférent. Les trois animaux libres nous suivent en exprimant leur désarroi jusqu'à ce que nous installions la chèvre dans le véhicule des militaires qui nous escortent. C'est à eux que nous l'avons offerte. Ils l'ont tuée et mangée le soir même. En pleine famine, dans un pays aussi pauvre et ravagé par la guerre que la RDC, j'aurais fait exactement la même chose. Quand il est affamé au point de risquer la mort, l'être humain se pose rarement des questions éthiques, philosophiques ou morales. Toujours est-il que cette scène m'a beaucoup touché. Je n'avais jamais été confronté à une telle démonstration d'empathie d'un animal envers son semblable. Et j'ai compris plus tard que mon malaise ce jour-là n'était pas injustifié.

Élodie Mandel-Briefer est suisse, éthologue, et l'une des plus grandes spécialistes mondiales des chèvres. Elle a eu la gentillesse de m'accorder un peu de son temps.

« J'ai toujours été attirée par les animaux. Petite, j'avais des chiens et des chevaux. Je ne voulais pas faire vétérinaire parce que je ne voulais pas les charcuter, me dit-elle en riant. Et puis j'ai découvert l'éthologie. J'ai d'abord étudié les alouettes pendant ma thèse, puis j'ai eu envie de travailler sur un animal avec lequel je pouvais avoir plus de contacts qu'un oiseau. Du coup, je suis partie en Grande-Bretagne et j'ai commencé avec les chèvres en 2012. Avec mon collègue, au départ, on voulait juste étudier leur vocalisation, la manière dont elles communiquent entre mère et enfants. Mais on s'est rendu compte qu'elles étaient très intelligentes, et qu'il y avait peu de travaux à ce sujet. »

Élodie va finalement consacrer plusieurs années de sa vie à ces animaux. Elle décide de travailler sur leurs émotions et leurs capacités cognitives. Avec son collègue, elle place des pâtes sèches (leur nourriture préférée) dans une boîte en plastique transparent, de type urne électorale. Pour l'ouvrir, l'animal doit apprendre à tirer un levier puis à soulever le couvercle. « La boîte étant transparente, elles auraient pu ne pas comprendre et tenter d'attraper les pâtes en se cognant le museau contre le contenant », détaille Élodie. Mais elles n'ont pas fait cette erreur. « Même les grands singes auraient eu du mal à réaliser d'emblée que ça ne servait à rien d'essayer. Nos chèvres, elles, ont toutes appris à utiliser le mécanisme et, surtout, on a constaté qu'elles s'en souvenaient encore quatre ans après ! » Mémoire impressionnante.

En août 2018, une étude menée par le chercheur Christian Nawroth, et publiée dans le journal de la Royal Society de Londres, prouve que les chèvres savent identifier les expressions faciales des humains. Et elles préfèrent les gens souriants ! Pour en arriver à cette conclusion, les scientifiques présentent à une vingtaine de chèvres des photos de visages humains, certains joyeux, d'autres tristes. Résultat : les animaux testés passent deux fois plus de temps à observer les images de personnes souriantes et à interagir avec elles.

« Nous sommes une espèce très différente des chèvres et nous nous exprimons de manière très différente. Même nos pupilles sont différentes, explique Natalia Albuquerque, de l'université de Sao Paolo, qui a participé à l'étude, citée par Karin Brulliard dans le *Washington Post*. Si les chèvres sont sensibles à nos expressions faciales, cela veut dire qu'elles possèdent des capacités psychologiques très complexes. »

Ces nouvelles découvertes ne surprennent pas Élodie. « L'image des chèvres idiotes, c'est complètement faux, je me demande vraiment d'où ça vient, s'interroge-t-elle. Pour moi, on peut les comparer aux chiens. Les chèvres sur lesquelles je travaillais répondaient à leurs noms, elles venaient me voir quand je les appelais ! Elles me suivaient partout, elles adoraient se faire caresser, papouiller... Elles sont très attachantes et feraient d'excellents animaux de compagnie. Le problème, c'est qu'elles arrivent à s'échapper de n'importe quel endroit ! »

Élodie l'a constaté à de nombreuses reprises pendant ses années d'observation, les chèvres sont extrêmement malignes. « Je l'ai vu de mes propres yeux : certaines d'entre elles savent comment ouvrir leur enclos. Par exemple, l'une des chèvres les plus âgées, que les autres embêtaient souvent, voulait être tranquille pendant la journée. Elle quittait donc le groupe, prenait la direction de son box, ouvrait le loquet, entrait, puis refermait derrière elle ! Ainsi, elle avait la paix et pouvait manger tranquillement. Une autre arrivait à faire la même chose et n'ouvrait la porte de son enclos qu'à son compagnon lorsqu'il se présentait devant. Il arrivait aussi régulièrement qu'une chèvre se réveillant en premier le matin aille ouvrir les portes de toutes ses congénères. Sûrement pour voir s'il y avait à manger, mais bon, elle ouvrait tous les loquets ! On a remarqué qu'au sein du groupe, certaines avaient des amies avec qui elles passaient tout leur temps, tandis que d'autres étaient plus solitaires. »

J'en déduis que ma chèvre du Congo n'appréciait pas la solitude et que ses proches ont accouru en entendant ses cris de détresse. « J'ai montré que les chèvres perçoivent les indicateurs d'émotion dans la voix de leurs congénères, précise Élodie. En fonction de la vocalisation, elles savent très bien s'il s'agit d'une émotion négative ou positive. De manière générale, les gens sont étonnés d'apprendre que les animaux ont des émotions. Pourtant, elles sont générées par des régions ancestrales du cerveau. Si les animaux n'avaient pas d'émotions, ils ne seraient pas capables de reconnaître un signal d'alerte ou de peur, et n'auraient pas pu survivre dans la nature. »

Les chèvres n'ont rien à envier aux chiens. Elles se montrent même plus intelligentes dans certains domaines et s'adaptent très bien à l'humain. Attachantes, joueuses, capables d'empathie, émotives, elles aiment les caresses, comme le meilleur ami de l'homme. Si les chiens des foyers français étaient remplacés par des chèvres, elles deviendraient sans doute l'animal préféré des enfants. Il serait alors impensable de les tuer pour leur viande ou leur peau comme nous le faisons aujourd'hui. Cela s'applique aux autres animaux d'élevage dont nous méconnaissons la sensibilité et l'intelligence. Découvrir que ces êtres vivants destinés à la consommation ont des émotions similaires aux animaux de compagnie m'a poussé à les considérer de manière égale. N'étant pas dans le besoin et ne vivant pas, contrairement à la population congolaise, dans un pays en guerre frappé par la famine, je refuse désormais tout autant de consommer de la viande de chèvre, de vache, de porc ou de poulet que de la viande de chien ou de chat. Et Élodie ?

« La réponse est simple : je suis végétarienne. Presque végane. Le seul produit d'origine animale que je mange encore, c'est le fromage. Le bien-être animal et l'élevage industriel me semblent incompatibles. Il y a des choses que l'industrie ne veut pas qu'on sache et, en France, les gens ne s'intéressent pas trop aux animaux. Beaucoup moins qu'en Grande-Bretagne, par exemple. L'un de mes objectifs est de montrer au grand public que les animaux de ferme sont intelligents. Après, il y a deux types de personnes : celles qui connaissent les animaux et qui se demandent pourquoi on fait des recherches pour prouver tout cela, alors que c'est évident, et celles qui tombent des nues quand on démontre la complexité des chèvres, des vaches ou des cochons. Nous sommes donc obligés de faire un travail scientifique, sans militantisme. »

La diffusion de ces études est la première étape vers un plus grand respect d'êtres vivants qui, jusqu'alors, n'étaient appréciés qu'à travers le goût de leur chair.

3.
LE POISSON OUBLIÉ

Après avoir décidé d'arrêter la viande, je me suis demandé comment j'avais pu fermer les yeux pendant tant d'années. Je m'en voulais d'avoir participé à un système qui cause autant de tort à des êtres intelligents, sensibles et empathiques. Pourtant, je continuais à manger des animaux marins. En grande quantité. Pour moi, ce n'était pas la même chose. Et pour les scientifiques non plus, visiblement.

« Jusqu'à une époque récente, on pensait que les poissons étaient vraiment moins intelligents, m'explique Yves Christen, toujours attablé dans un restaurant du dixième arrondissement de Paris. Or, on a découvert beaucoup de facultés cognitives chez eux. Mais tu sais, Hugo, les choses, on les trouve quand on les cherche. Et sur les poissons, pendant longtemps, personne n'a vraiment cherché. »

Beaucoup de gens pensent encore aujourd'hui, à tort, que les poissons ne ressentent pas la douleur. Contrairement aux animaux d'élevage qui finissent à l'abattoir et qui sont censés être étourdis avant exécution, il n'y a d'ailleurs aucune réglementation sur la mise à mort des poissons. Leur souffrance n'est absolument pas prise en compte. Et pourtant... Les milliards de poissons que l'espèce humaine tue chaque année souffrent tous. Qu'ils meurent étouffés dans les filets ou au bout d'une canne à pêche, transpercés par une flèche de fusil harpon ou éviscérés vivants sur les navires.

Les conclusions des études neurologiques menées sur ces animaux sont sans appel : ils possèdent des récepteurs nociceptifs[1], et ces derniers fonctionnent comme ceux des mammifères. Certes, les poissons n'expriment pas leurs souffrances de la même manière – ils ne peuvent pas crier – mais ils en éprouvent tout autant. Les expériences menées sur des poissons soumis à des stimuli douloureux prouvent que leur cerveau réagit fortement et qu'ils modifient leur comportement habituel.

« Quand on injecte du vinaigre dans la lèvre des truites, elles cessent de s'alimenter et vont frotter leur lèvre endolorie au fond du bassin », m'explique Dalila Bouvet. Les poissons en souffrance nagent moins et ne font plus attention aux modifications de leur environnement, comme l'arrivée d'un nouvel objet (ce qui suscite normalement inquiétude ou curiosité). Ces changements soudains d'attitude persistent plusieurs heures voire plusieurs jours et ne sont donc pas de simples réflexes. Par ailleurs, quand les scientifiques administrent un traitement antidouleur, ils constatent un retour à la normale des comportements. Dalila Bouvet me signale le cas des écrevisses, qui sont des crustacés décapodes (ils possèdent cinq paires de pattes) et non des poissons :

« On sait que, chez cette espèce aussi, il y a une nociception. Les écrevisses ressentent la douleur et les opiacées qu'on peut leur donner font effet. Les écrevisses sont aussi capables d'associer un lieu à la souffrance. Si on envoie un choc électrique de manière régulière à un endroit précis du bassin, elles vont l'éviter. C'est aussi le cas du bernard-l'hermite, qui sort de sa coquille quand on envoie de l'électricité dessus. Mais ces animaux font un compromis coût-bénéfice. Si la coquille n'est pas terrible, le bernard-l'hermite n'y retournera plus. Par contre, si elle est de bonne qualité, il se risquera à y revenir et le temps qu'il mettra à le faire dépendra du nombre de chocs électriques reçus précédemment. »

Les animaux marins ressentent donc la douleur et celle-ci a des conséquences sur leur vie. Admettre cela est la première

---

1. La nociception est la réaction des récepteurs sensitifs à des éléments extérieurs qui permet de ressentir la douleur.

étape pour mieux les connaître. « Un consensus dans le public veut que, les poissons étant jugés "insensibles", il n'est nécessaire de prendre en considération ni leurs aptitudes ni leur capacité à éprouver bien-être et mal-être, écrit Lynne U. Sneddon, directrice du département des sciences biovétérinaires à l'université de Liverpool dans *Révolutions animales*. Or, des recherches récentes ont montré que les poissons peuvent adopter des comportements développés tels que l'utilisation d'outils, la coopération au sein de leur espèce ou avec d'autres ; ils peuvent également se livrer à des manipulations d'autrui quasi machiavéliques [...]. »

En 2011, le professeur d'écologie et de biologie Giacomo Bernardi, de l'université de Santa Cruz en Californie, a marqué l'histoire de la science. Il est le premier à avoir filmé un poisson en train d'utiliser un outil. Une compétence qu'on a longtemps cru réservée aux humains, avant que la primatologue Jane Goodall ne montre dans les années soixante que les chimpanzés en étaient aussi capables. Chez les poissons, cela n'avait jamais été prouvé jusqu'à cette fameuse vidéo, tournée par Bernardi au large de l'archipel micronésien de Pulau.

La star de la séquence est un labre à nageoires jaunes, qui vit dans les eaux tropicales des océans Indien et Pacifique. Dans un premier temps, il creuse le sable en propulsant de l'eau avec ses nageoires pour en extraire une palourde, puis prend le coquillage dans sa bouche et nage jusqu'à un grand rocher. Là, avec des mouvements de tête rapides, il frappe la palourde contre la roche et finit par l'ouvrir et la manger. En vingt minutes, le labre reproduit le même procédé trois fois avec trois coquillages différents. Les chercheurs avaient déjà observé – mais pas filmé – d'autres espèces marines capables de manipulations similaires, requérant stratégie et réflexion.

Ces talents n'étonnent pas le spécialiste des poissons que je connais le mieux. Pas un biologiste, non, mais quelqu'un qui les côtoie au quotidien depuis soixante-dix ans. Mon père. Ses proies, il peut en parler pendant des heures. Il a passé tellement de temps sous l'eau à les traquer qu'il connaît les différentes espèces par cœur. Et il sait bien que les poissons ne sont pas aussi bêtes qu'on le pense.

« Ce qui me frappe surtout, c'est leur capacité d'adaptation, me dit-il. Ils savent faire la différence entre un mec qui nage tranquillement et un chasseur avec un fusil harpon dans les mains. Sans fusil, tu peux les approcher beaucoup plus facilement. Avec, ils s'en vont en vitesse quand ils te voient. Certaines espèces ont même intégré la distance de tir. C'est pour ça qu'on a des fusils de plus en plus puissants, pour les surprendre ! Et les poissons savent aussi tirer profit des réglementations humaines. Dans les réserves, où la chasse est interdite, ils sont beaucoup plus nombreux et ils se comportent normalement, parce qu'ils ont compris qu'ils ne risquaient rien de la part des humains. Prenons les sars. Habituellement, ce sont des poissons qui se mettent dans un trou quand il y a un danger. Dans les réserves, c'est ce qu'ils font. En revanche, dans les zones de chasse, ils ne se mettent pas à trou. Pourquoi ? Parce que c'est beaucoup plus facile pour nous de les tirer quand ils sont immobiles dans une cavité que quand ils continuent de nager ! Ils s'adaptent à nos aptitudes. »

Le poisson préféré de mon père, c'est le mérou. On s'est souvent moqué, en famille, de sa passion pour cet animal peu esthétique. Allez voir sur Google, vous comprendrez. Le mérou est un prédateur solitaire qui vit notamment en Méditerranée. Il peut mourir à un âge avancé, au-delà de vingt-cinq ans. Autre particularité : il est hermaphrodite. Tous les mérous naissent femelles puis deviennent mâles en vieillissant. Le gros problème de ce poisson, c'est qu'il est vraiment bon. Sa chair offre un goût subtil, différent de celle des autres espèces. Franchement, c'est un régal, ce qui explique que les chasseurs sous-marins comme mon père l'aient beaucoup pêché. Beaucoup trop. Résultat : l'espèce se raréfie et, du coup, est protégée en Méditerranée. Interdiction de les tuer. Mais mon père a des milliers de souvenirs avec ce poisson qui témoignent de son intelligence.

« Les mérous sont sédentaires. Ils restent plus ou moins au même endroit toute leur vie, et il y en a que tu finis par connaître par cœur. Tu sais où ils sont et tu les recroises souvent, tu les reconnais. Certains ont des signes distinctifs, des cicatrices à tel ou tel endroit. Moi, je ne tirais pas les mérous que je connaissais. Déjà parce qu'il y a une sorte de lien de longue durée avec eux. Et puis, surtout, s'ils sont toujours là, c'est que t'as essayé de les tirer plusieurs fois mais qu'ils ont été plus malins que toi. Du coup, je passais mon chemin. Ce que j'ai constaté pendant toutes ces années, c'est qu'il y a de vraies différences comportementales au sein des espèces. Les mérous ont des schémas généraux, bien sûr, mais pas les mêmes comportements. Par exemple, ce sont des poissons très curieux, mais certains plus que d'autres. D'ailleurs, quand on avait encore le droit de les tuer, on avait une technique de chasse qui tirait profit de ce trait de caractère. En gros, le principe, c'était de repérer un mérou au fond de l'eau et de descendre vers lui doucement, qu'il soit à cinq, dix, vingt mètres de profondeur, ou plus pour les très bons chasseurs. En général, il te regarde t'approcher et, quand tu es un peu trop près, il se planque dans un trou. Sauf que, contrairement au sar, le mérou, lui, vérifie qu'il a assez de place et de profondeur dans la cavité pour se mettre hors de portée du fusil. Pour ça, il fait un mouvement circulaire avec ses yeux juste avant d'aller se cacher. La clef de la technique de chasse, c'était de repérer ce mouvement oculaire et d'interrompre la descente à ce moment précis. Tu vois le mérou faire son check visuel, hop, tu remontes à la surface. Et tu recommences ça plusieurs fois. Tu descends et tu remontes quand il s'apprête à aller dans le trou. Au bout d'un moment, les mérous les plus curieux vont être intrigués par ton attitude. Ils vont essayer de comprendre ce que tu fais et retarder leur décision d'aller se planquer. Du coup, tu vas pouvoir t'approcher d'eux de plus en plus et te mettre à portée de tir. Il ne reste plus qu'à bien viser. Ça ne marche pas avec tous, juste avec les plus aventureux. Enfin, ça marchait pendant un moment. Parce qu'à la fin les mérous ont fini par comprendre le piège et ils n'attendaient plus que tu sois sur eux pour se mettre à l'abri. »

Contrairement aux idées reçues, les poissons ont effectivement une très bonne mémoire. « Nous sommes en train de découvrir qu'ils sont tout à fait capables d'apprendre et de se souvenir, et qu'ils possèdent une gamme de compétences cognitives qui surprendrait beaucoup de gens », explique Theresa Burt de Perera, professeure de zoologie à l'université d'Oxford, citée par Robert Matthews dans *The Telegraph*. L'idée selon laquelle le poisson rouge serait doté d'une mémoire n'excédant pas trois secondes, oubliant sans cesse qu'il est enfermé dans un bocal, est totalement fausse. À l'image des mérous de mon père, qui se rappellent les techniques de chasse et apprennent à les éviter, d'autres animaux marins possèdent une mémoire à long terme. Par exemple, les poissons domestiques apprennent – et ce, plus rapidement que certains mammifères comme les rats – à identifier l'endroit de l'aquarium et le moment de la journée où leurs propriétaires déposent la nourriture. Les carpes, elles, se souviennent si elles ont été blessées par un hameçon et, du coup, ne se font pas prendre deux fois.

« Le taux de capture des carpes qui ont été soit attrapées et relâchées, soit hameçonnées et perdues est, un an après, trois fois inférieur à celui des carpes qui n'ont jamais été pêchées ou capturées », constatait déjà le biologiste néerlandais Jan Beukema, dans une expérience de 1969. Les grands voyageurs comme le saumon font aussi preuve d'une incroyable mémoire, puisqu'ils retournent dans leur rivière d'origine pour pondre, même si celle-ci se trouve à des centaines de kilomètres. Et que dire des gobies ? Ces petits poissons, qui aiment les eaux peu profondes, arrivent à mémoriser leur environnement de manière stupéfiante. Le chercheur américain Lester R. Aronson l'a montré dès le début des années cinquante. Les gobies adorent les mares qui se forment entre les rochers à marée basse, et arrivent à sauter de l'une à l'autre. S'ils opéraient au hasard, ils s'écraseraient régulièrement sur le sol. Mais leur taux de réussite est impressionnant.

« Ces poissons sont si bien orientés avant le saut qu'ils atterrissent toujours dans une mare voisine ou dans la mer, écrit Lester R. Aronson. [...] Les conditions sont telles que les gobies ne peuvent pas voir la piscine d'arrivée depuis celle de départ. L'hypothèse de travail est donc que, à marée haute, ces poissons nagent au-dessus des futures mares et mémorisent la topographie des lieux. »

Avec cette carte ultra-précise en tête, les gobies ajustent ensuite la puissance et la direction de leur saut à l'aveugle pour retomber précisément où ils veulent.

Chez les poissons, cette mémoire perfectionnée permet l'apprentissage social. Ils apprennent en observant leurs congénères. Les poissons archers, par exemple, sont capables d'abattre un insecte volant en propulsant un jet au-dessus de la surface de l'eau. Une technique complexe que les bébés de cette espèce ne maîtrisent pas de manière innée. Au début de leur existence, ils ratent souvent leur cible et ne deviennent performants qu'en observant les adultes.

Les jeunes saumons, eux aussi, ont besoin de s'inspirer des individus les plus expérimentés pour savoir comment réagir dans certaines situations. En captivité, quand de la nourriture est jetée dans leur bassin, ces saumons débutants attendent généralement plusieurs minutes avant de la manger. En compagnie exclusive d'autres jeunes, ce comportement perdure. En revanche, si des saumons adultes – qui eux n'attendent pas et se précipitent immédiatement vers la nourriture – sont placés dans leur bassin, les individus inexpérimentés vont progressivement les imiter et le temps de latence entre la distribution de la nourriture et sa consommation sera progressivement réduit.

Intelligents et sensibles, les poissons sont des animaux sociaux. Contrairement à une croyance répandue, ils ne sont pas seulement régis par leurs instincts ou par le rapport prédateur-proie. Ils tissent des liens entre eux, au sein des espèces comme à l'extérieur. L'exemple qui me passionne le plus est celui des labres, ces petits poissons vivant dans les récifs coralliens. Ce sont des animaux nettoyeurs, c'est-à-dire qu'ils se nourrissent des parasites présents sur le corps des autres poissons. Et cela arrange tout le monde. À tel point que les labres gèrent de véritables stations de lavage, où les autres espèces viennent faire la queue pour se faire nettoyer et éviter les maladies et infections. La murène, ce carnivore vorace à la mauvaise réputation, est l'un des clients des labres, qui nettoient ses branchies ainsi que l'intérieur de sa bouche. À tout instant, la murène pourrait décider de dévorer le petit poisson qui se déplace entre ses dents. Mais une telle action aurait des conséquences : les autres labres de la station ne voudraient plus nettoyer la murène à l'avenir et elle serait condamnée à vivre avec ses parasites. Le prédateur effectue donc un calcul coût-avantage rationnel et laisse les nettoyeurs travailler tranquillement. Le labre, lui, fait face à un dilemme.

« Ce qu'il aime chez les autres, c'est le mucus, la couche protectrice sur les écailles ; mais ce qu'il a le droit de manger, ce sont les parasites. Qu'il succombe à la tentation, et voilà le client mordu... et perdu », écrivait le journaliste Loïc Chauveau, en 2015, dans le magazine *Sciences et Avenir*.

Résultat, le labre adapte son comportement en fonction de sa clientèle. Avec les prédateurs, pas question de manger le mucus, au risque de se faire dévorer. Les nettoyeurs sont aux petits soins, se concentrent uniquement sur les parasites et pratiquent même des massages au client jugé dangereux. Satisfaction – et donc sécurité – garantie. Restent deux catégories de clientèle : les sédentaires, qui vivent dans une zone restreinte, et les voyageurs, qui nagent beaucoup et ne sont que de passage. Aux habitués – les sédentaires –, les labres offrent un service bas de gamme. Ils ne s'attardent pas sur les parasites et peuvent parfois croquer le mucus. Les clients mécontents expriment alors leur colère en pourchassant le nettoyeur trop gourmand pour lui donner des coups. Mais peu importe : ces sédentaires ne fréquentent qu'une seule station de nettoyage et n'ont donc pas le choix. Ils reviendront. En revanche, les clients voyageurs connaissent plusieurs stations et peuvent les comparer. Les labres traitent donc ces poissons avec plus d'égards. Il faut fidéliser. Par ailleurs, les scientifiques ont noté que les labres sont plus consciencieux lorsqu'ils s'occupent d'un poisson pendant que d'autres patientent à proximité. Comme si les nettoyeurs, se sachant observés par des clients potentiels, s'attachaient à montrer l'étendue de leur talent. Cette organisation complexe démontre qu'ils sont capables d'identifier différents types de poissons et de situations, et d'adapter leurs comportements pour maximiser leur profit (se nourrir facilement) tout en minimisant les risques (se faire dévorer par un prédateur). Ils font du commerce, en quelque sorte.

« Il y a aussi des histoires de couples chez les labres, ajoute Dalila Bouvet en riant. Ils travaillent souvent à deux : un mâle et une femelle. Si la femelle tente de croquer le mucus d'un client et qu'il réagit en quittant la station de nettoyage, le mâle va attaquer la femelle pour la réprimander. » Sacré sens du business !

Il existe d'autres exemples de coopération interespèces qui épatent les chercheurs. Ainsi, le mérou et la murène, deux prédateurs, s'unissent parfois pour chasser. Le mérou vient à la rencontre de la murène et, via des mouvements de tête, lui propose une alliance. Si elle accepte, il guide sa partenaire jusqu'à un rocher sous lequel se cache une proie qu'il ne parvient pas à atteindre en raison de sa taille. La murène, en revanche, est habile pour se déplacer dans les cavités rocheuses et va donc aller débusquer la cible. Une fois sur deux, elle fera simplement fuir la proie hors du rocher qui, du coup, sera dévorée par le mérou. L'autre moitié du temps, elle mangera elle-même le poisson dont la position lui a été révélée par son complice. Gagnant-gagnant. La capacité à se coordonner de la sorte et à appliquer une stratégie précise avec un animal d'une autre espèce requiert une grande intelligence. À noter que cette alliance n'est pas systématique : certains mérous et murènes s'entendent, d'autres non. Tout dépend de la personnalité des individus en question.

Les poissons que j'adorais manger – qu'il s'agisse du saumon, du thon, ou des espèces méditerranéennes comme le sar ou le mérou – sont donc des êtres vivants très évolués et complexes. Mais, ce que j'aimais par-dessus tout, c'était le poulpe, ou la pieuvre – les deux mots sont synonymes. Mon père en rapportait souvent de ses longues sorties en mer. Il descendait en apnée devant un rocher où se cachait l'animal, restait immobile quelques dizaines de secondes, puis le tirait au fusil harpon dès qu'il pointait le bout de ses tentacules. En rentrant à la maison, il le cuisinait en daube, et c'était délicieux. De loin l'un de mes plats préférés. Pour préparer un poulpe en daube, il faut commencer par battre énergiquement sa chair, pour qu'elle soit plus tendre, moins caoutchouteuse. Mon père étalait donc l'animal sur le sol en béton de notre terrasse. Puis il allait chercher une batte de baseball dans le garage et frappait de toutes ses forces, pendant presque une demi-heure. Une demi-heure de tabassage de pieuvre à la batte de baseball. Ça ne m'empêchait pas d'en manger, certes, mais je me souviens de m'être assuré à plusieurs reprises que l'animal ne sentait rien. « Ne t'inquiète pas, il est mort depuis longtemps », me rassurait mon père. Aujourd'hui, quand il part en mer, il épargne les poulpes. « Franchement, ça devrait être interdit de les chasser. C'est beaucoup trop facile à tirer et il n'y en a plus beaucoup. »

Ce ressenti paternel est malheureusement étayé par des constats alarmants de scientifiques. Les céphalopodes sont menacés en Méditerranée. La surpêche ne laisse pas le temps aux pieuvres de se reproduire et de s'occuper de leur progéniture. Une catastrophe, pour l'écosystème et pour l'intelligence animale.

« De mets culinaires appréciés, ces mollusques sont devenus aux yeux des spécialistes du cerveau, et plus largement de la communauté scientifique, de petits êtres, invertébrés certes, mais extraordinairement sophistiqués, sensibles, compétents, et doués d'intelligence, écrit Ludovic Dickel, professeur en biologie des comportements à l'université de Caen-Normandie, dans *Révolutions animales*. Les céphalopodes possèdent, de très loin, les systèmes nerveux les plus développés de tous les invertébrés. » Comme les poissons, les poulpes sont capables de mémoriser des informations plusieurs semaines durant, d'apprendre, mais aussi d'*apprendre à apprendre*. Graziano Fiorito et Pietro Scotto, deux chercheurs italiens, ont montré qu'une pieuvre parvenait plus facilement à choisir entre deux objets (l'un renfermant une récompense, l'autre envoyant une décharge électrique) après avoir regardé l'une de ses congénères à l'œuvre. Elles observent, tirent les leçons de leurs erreurs, de celles des autres, et agissent en conséquence. Ces animaux arrivent également à résoudre des problèmes aussi efficacement que certains mammifères.

« Les pieuvres peuvent soulever le couvercle d'un récipient pour aller chercher la proie qu'il contient, explique Ludovic Dickel. Elles résolvent sans difficulté des épreuves de labyrinthe en laboratoire, à partir d'indices visuels ou tactiles. »

Mieux – ou pire, c'est selon –, ils sont joueurs. Comme un chien s'amuse à chercher et rapporter le bâton jeté par son maître, le poulpe se divertit, lui aussi. Ludovic Dickel l'a constaté à de nombreuses reprises et le docteur Michael Kuba, de l'Institut des sciences et technologies d'Okinawa, a même filmé un céphalopode en train de jouer avec les bulles du système d'oxygénation de son aquarium. L'animal emprisonnait l'air avec ses tentacules pour monter jusqu'à la surface puis le relâchait pour redescendre au fond. Aucun intérêt, ni pour chasser une proie ni pour échapper à un prédateur. Juste... du loisir.

Mon père confirme : « Tous les chasseurs sous-marins le savent : les poulpes sont joueurs et intrigués par les humains. Au début, quand tu essayes de les approcher, ils ont peur ; ils changent de couleur et s'éloignent. Mais après, s'ils pensent que tu n'es pas un danger, ils reviennent et se laissent caresser. » Des comportements uniques chez les invertébrés, selon Ludovic Dickel. Il est temps de changer notre regard sur les êtres vivants qui peuplent nos océans.

4.
L'ANIMAL EST UNE PERSONNE

Si, à l'âge de dix, quinze, ou vingt ans, un scientifique m'avait expliqué ce qu'était vraiment un poulpe, un poisson, un poulet, un cochon ou une vache, je n'aurais certainement plus accepté d'en manger. Mais je n'ai pas le souvenir qu'à l'école, au collège ou au lycée, les professeurs se soient attardés sur l'intelligence des animaux qui finissent dans notre assiette. Voire sur l'intelligence des animaux tout court. Étais-je inattentif ? Pour en avoir le cœur net, j'ai appelé ma cousine Manon, vingt-cinq ans. Elle est professeur de sciences de la vie et de la terre (SVT) dans un collège en Alsace. Pratique d'avoir une famille de profs.

« L'intelligence animale, ce n'est pas dans les programmes, me dit-elle d'emblée. Il n'y a pas de vrai chapitre là-dessus. On est amené à en parler un peu, de manière détournée, quand on parle de la parenté entre l'homme et le singe, par exemple. En terminale scientifique, ils abordent rapidement l'étude des comportements avec l'utilisation des outils dans le cadre de la transmission des apprentissages d'une génération d'animaux à la suivante. Mais il n'y a pas de chapitre entier sur l'éthologie. Moi, la première fois que j'en ai entendu parler, c'était à la fac de biologie, et c'était parmi les derniers trucs étudiés. Au collège et au lycée, on n'en parle pas. C'est peut-être dû au côté un peu vieillot des programmes. Pendant longtemps, l'éthologie n'a pas été considérée comme une vraie science, on pensait que c'étaient des mecs isolés qui travaillaient sur les singes dans leur coin... »

Rien d'étonnant, donc, que je ne me souvienne pas d'avoir étudié l'intelligence animale à l'école. Cette méconnaissance des êtres non humains, de leur sensibilité et de leurs incroyables capacités, permet de les manger sans se questionner. On peut espérer que cela change et que les programmes scolaires intègrent cette thématique à l'avenir. Les chercheurs du monde entier publieront des dizaines, des centaines, voire des milliers de nouvelles études sur les poissons et les animaux d'élevage dans les années qui viennent. Mais celles déjà existantes devraient nous faire réfléchir dès aujourd'hui. Surtout ceux d'entre nous – et ils sont nombreux – qui disent aimer les animaux.

C'est le message de Marc Bekoff, professeur de biologie aux États-Unis, l'un des plus grands spécialistes contemporains du comportement animal, qui a participé à l'ouvrage collectif *Révolutions animales*, déjà cité : « Vous feriez ça à votre chien ? Voilà ce que je demande toujours aux chercheurs qui se livrent à un travail invasif sur des animaux ou à ceux qui travaillent dans des exploitations agricoles industrielles. [...] Nous savons beaucoup de choses sur les émotions animales [...] et le comportement moral. [...] Quand quelqu'un me dit qu'il aime les animaux parce que ce sont des êtres sensibles, mais qu'il commet sur eux des abus, je lui réponds que je suis bien content qu'il ne m'aime pas. Le mot *animaux* ne renvoie pas seulement aux compagnons avec lesquels nous vivons, dont nous nous soucions et que nous aimons ; des centaines de millions d'autres animaux domestiques vivent dans des fermes et des abattoirs, ce sont eux qui nous nourrissent et nous habillent. Les souffrances que nombre d'entre eux endurent tandis que quelques chercheurs s'efforcent d'imaginer s'ils ressentent quoi que ce soit sont inacceptables, cruelles et inutiles étant donné ce que nous savons sur les émotions [...] animales. [...] Nous voilà à un point de bascule où nous demander : qu'avons-nous réellement besoin de savoir de plus ? »

Abreuvés par les documentaires animaliers, les dessins animés et les nombreux travaux scientifiques menés sur les singes, les éléphants ou les dauphins, beaucoup de gens reconnaissent aujourd'hui cette capacité de ressentir des émotions aux animaux exotiques, qui nous fascinent et nous font voyager. Beaucoup sont scandalisés, à juste titre, quand un lion ou un léopard est abattu par un chasseur ou un braconnier. Reste, désormais, à considérer les espèces qui finissent dans les assiettes de la même manière.

Damien Mander est un homme imposant. Solide gaillard australien de trente-huit ans, 1,90 mètre, 114 kilos. Je l'ai rencontré en juin 2018 dans la savane du Zimbabwe. Nous étions venus avec Clément pour un reportage sur une brigade de rangers, entièrement composée de femmes, qui traque les tueurs d'éléphants et de rhinocéros. Armées, surentraînées, elles tendent des embuscades aux criminels, ouvrent le feu si nécessaire et les arrêtent pour les remettre à la justice. Ce groupe est financé et formé par la Fondation internationale de lutte contre le braconnage, dont Damien Mander est le fondateur. Treillis militaire, talkie-walkie, fusil d'assaut M-16 à la main, il dirige la brigade avec bienveillance et fermeté.

« Pourquoi seulement des femmes ? » lui ai-je demandé lors de notre rencontre. Réponse : « Elles sont moins corruptibles que les hommes et on est sûr que le salaire versé sert à nourrir leur famille, pas à autre chose. »

Durant les trois jours passés en pleine nature avec lui et ses rangers, il m'a raconté son histoire et l'origine de son engagement. Avant de protéger les animaux sauvages, Damien était sniper dans les forces spéciales australiennes. Il a fait plusieurs longues missions en Irak. « Je pouvais toucher en pleine tête une cible mouvante à sept cents mètres de distance, se rappelle-t-il. J'étais programmé pour détruire. À cette époque, je me foutais complètement de l'environnement et des animaux. J'étais même le pire exemple de ce qu'un humain peut faire aux autres êtres vivants. En Australie, je chassais pour m'amuser, pas pour me nourrir. Je me souviens d'une fois où j'ai emmené mon petit frère avec moi. Il avait quatorze ans, moi, dix-neuf. Ce jour-là, j'ai tiré sur un lapin mais je ne l'ai pas tué, seulement blessé. Alors j'ai donné le fusil à mon frère et je lui ai demandé de l'achever. Il a refusé et a jeté l'arme par terre en pleurant. J'ai trouvé cette réaction pathétique. Pour moi, c'était le signe d'une grande faiblesse. J'ai donc abattu moi-même le lapin et, pendant quelques années, je me suis moqué de mon petit frère en lui disant qu'il n'était pas un homme. Aujourd'hui, je réalise que j'étais le faible et lui, le fort. Le vrai mec, c'était lui. Il avait choisi de ne pas faire de mal à un animal qui ne le méritait pas. »

Le déclic, Damien l'a en 2009, quand il quitte l'armée pour voyager en Afrique. Dans la savane du Zimbabwe, il découvre les massacres d'éléphants causés par les braconniers. « Je me suis demandé à ce moment-là : Est-ce qu'un éléphant a plus besoin de son visage qu'un type en Asie a besoin d'ivoire sur son bureau ? Bordel, bien sûr que oui ! » Damien décide alors de mettre ses compétences militaires au service de ces animaux sauvages. En revanche, il continue à manger de la viande en grande quantité.

« Sauf qu'un matin, en 2012, trois ans après le début de mon combat contre les braconniers, une question m'est soudain apparue, explique-t-il. C'était la première fois que j'avais le courage de me la poser : est-ce qu'une vache a plus besoin de sa vie que moi d'un barbecue ? La réponse était évidente. À ce moment-là, je me suis rendu compte que, même si je consacrais mon temps à sauver des animaux, je ne valais pas mieux que ce type en Asie qui achète de l'ivoire. »

Le choc est violent. Les conséquences immédiates. Damien devient végétarien, puis végan quelques mois plus tard. Aujourd'hui, dans la brigade de rangers, tout le monde suit le même régime alimentaire. Ni viande, ni poisson, ni aucun produit d'origine animale.

« Pour moi, désormais, les braconniers, l'élevage industriel, la pêche ou le commerce de la fourrure, c'est la même chose, assène Damien. La souffrance est la souffrance, point. Et plus la victime est impuissante, plus le crime est horrible. Que ce soit dans la savane ou à table lors du dîner, nous avons tous des choix à faire. »

Une vision qui rejoint celle de Peter Singer, australien lui aussi, philosophe de renommée mondiale et auteur du célèbre livre *La Libération animale*, publié en 1975, puis réédité en 1989 et 2012. « Protester contre la corrida en Espagne, contre la consommation de la viande de chien en Corée du Sud, ou contre l'abattage des bébés phoques au Canada, tout en continuant à manger des œufs venant de poules qui ont passé leur vie entassées dans des cages, ou de la viande de veaux qui ont été privés de leur mère, d'un régime alimentaire convenable et de la liberté de se coucher en étirant leurs pattes, est comme dénoncer l'apartheid en Afrique du Sud tout en demandant à votre voisin de ne pas vendre sa maison à des Noirs », écrit-il.

La comparaison est violente et un peu datée – elle a été rédigée il y a plus de quarante ans – mais elle a le mérite d'être claire.

Durant toutes ces années passées à consommer de la chair animale, il ne m'avait pas traversé l'esprit que les êtres vivants transformés en nourriture étaient peut-être aussi sensibles et complexes que les chiens ou les animaux sauvages, d'Afrique et d'ailleurs. En achetant un steak ou du saucisson au supermarché, je ne me demandais pas si la vache et le cochon avaient des sentiments, des émotions, des affinités, des préférences, voire une personnalité. C'est parce que la plupart des gens ne se posent pas la question qu'ils sont capables de manger les animaux. C'est parce que Damien ne se l'était jamais formulée qu'il continuait à manger de la viande tout en combattant les braconniers.

Dans *Révolutions animales*, dont je recommande la lecture, le juriste David Chauvet pose le problème en ces termes : « Est-ce que nous exploitons les animaux parce que nous jugeons qu'ils ne pensent pas, ou est-ce que nous jugeons qu'ils ne pensent pas parce que nous les exploitons ? » Probablement les deux. Nous mangeons les animaux parce que nous estimons qu'ils ne sont pas capables de ressentir ce qu'un humain ressent. Et, selon David Chauvet, « le seul fait de considérer un animal comme nourriture suffit à lui retirer toutes ses facultés mentales ». Le serpent se mord la queue.

En 2012, les chercheurs en psychologie Brock Bastian, Nick Haslam, Steve Loughnan et Helena Radke ont étudié notre faculté à fermer les yeux collectivement sur l'intelligence des espèces qui finissent dans notre estomac. Ils ont interrogé des mangeurs de viande pour savoir comment ces derniers considéraient les animaux d'élevage.

« La première étude montre que les animaux jugés appropriés à la consommation humaine se voient attribuer des capacités mentales diminuées, écrivent les chercheurs. La deuxième étude montre que les mangeurs de viande refusent d'admettre que les animaux consommés ont un esprit lorsqu'ils se voient rappeler le lien entre la viande et la souffrance animale. Enfin, l'étude numéro 3 prouve que la perspective d'une consommation immédiate de viande augmente encore plus le déni. »

Les scientifiques mettent ainsi en lumière un processus de dissonance cognitive[1] : « Reconnaître un esprit aux animaux que nous mangeons les rend semblables à nous d'une manière qui importe moralement, et cette reconnaissance entre en conflit avec l'utilisation que nous en faisons pour l'alimentation. Les gens possèdent des droits moraux du fait qu'ils ont un esprit, et c'est cela qui nous donne le droit d'être traités de manière humaine. Se voir rappeler que les animaux ont un esprit mais sont tués pour l'alimentation peut créer un conflit moral chez les mangeurs de viande. »

Ce conflit a éclaté en moi comme une grenade fin 2016. Pourtant, je me pensais à l'abri de ces « sensibleries », comme disent les farouches défenseurs de l'élevage industriel. Auparavant, quand je mangeais du poulet, je mangeais *du* poulet, pas *un* poulet. Au restaurant, on commande *du* bœuf, *du* gigot, *du* canard, *du* mouton, *du* saumon. Entre l'article partitif « du » et le déterminant « un », la différence est de

---

1. En psychologie sociale, la dissonance cognitive représente le malaise ressenti lors de la contradiction entre une pensée et une action.

taille. Lorsqu'on avale *du* poulet, on ne consomme pas un animal en particulier, avec un nom, un caractère, des relations sociales, des émotions, mais un élément d'une quantité massive de chair indéterminée, dépersonnifiée. Comme si tous les poulets étaient en tout point similaires. Manger « du blanc » ou « de la cuisse » revient à considérer que l'espèce tout entière est constituée d'individus totalement interchangeables. Cette idée, erronée, est au fondement du spécisme, théorie selon laquelle l'homme serait supérieur aux autres êtres vivants.

Dans un groupe humain, personne n'est identique, pas même des jumeaux. Chacun a sa propre histoire, sa propre personnalité, et c'est pour cela que nous donnons tant de valeur à la vie humaine. Quand un homme ou une femme meurt, c'est un événement statistiquement négligeable au niveau de l'espèce. Mais c'est un drame pour ses proches, et personne n'oserait le contester. Tout être humain étant unique, il ne pourra pas être remplacé. Il s'agit là d'une perte irrémédiable que même une naissance dans la famille ne saurait compenser.

Eh bien, il en est de même pour les vaches, cochons et autres moutons. Toutes les espèces non humaines qui peuplent cette planète sont un ensemble d'individus. Le poulet que je mangeais le lundi midi n'était pas le même que celui que j'ingurgitais le vendredi soir. Chaque animal a ses propres caractéristiques, ses propres émotions, et un réseau de relations sociales spécifique. Il est remplaçable numériquement, mais son individualité disparaît à jamais lorsqu'il est tué.

« Les études [...] ont montré que les traits de personnalité sont omniprésents dans le règne animal : une large gamme de poissons, oiseaux, mammifères, reptiles, amphibiens et invertébrés montre des différences individuelles persistantes qui peuvent être pensées selon les dimensions de la personnalité de base, que l'on retrouve chez l'humain », écrivent les chercheuses Lori Marino et Kristin Allen. Les animaux sont des êtres uniques et autonomes. Des personnes. Non humaines, certes, mais des personnes quand même.

« J'estime que les animaux ont tous les attributs nécessaires pour se voir accorder le qualificatif de *personnes*, appuie Yves Christen. Ils ont une raison, une vie sociale, des émotions, un langage, un esprit et une conscience. Mais, quand on dit cela, beaucoup font les gros yeux. Ce n'est pas étonnant, sachant que la plupart des gens ne savent même pas que nous sommes, nous aussi, des animaux, de la famille des grands singes ! »

Et notre supériorité, alors ? Ne sommes-nous pas tout de même une espèce à part, disposant de compétences exceptionnelles et d'une complexité unique qui nous autoriseraient à exploiter les autres ? Yves apporte une réponse à ces questions dans son ouvrage *L'animal est-il une personne ?* : « Toutes les espèces ont les meilleures raisons du monde de se croire supérieures : il leur suffit de prendre comme critère le domaine où elles excellent. Nous nous sommes même parfois nourris d'un argument souverain, le dogme religieux, en affirmant notre espèce créée à l'image de Dieu ! "Nous sommes si imbus de nous-mêmes, écrit à ce propos Pierre Jouventin, un éminent spécialiste des manchots, que, si nous étions chiens, nous disserterions doctement sur l'olfaction, capacité supérieure par laquelle nous nous distinguons du règne animal. Si nous étions guépards, nous dénierions à toute autre espèce courant moins vite le droit de se comparer à nous. De même pour la taille, si nous étions baleines." »

L'homme n'est pas supérieur aux autres animaux. Certes, nous sommes aujourd'hui l'espèce dominante. Nous n'avons pas de prédateurs. Tous les autres animaux sont nos proies potentielles et notre impact sur l'environnement est infiniment plus important que celui des êtres vivants non humains. Mais la domination – qui s'exprime souvent par la violence, l'injustice et la brutalité – n'est pas la supériorité. Par exemple, le groupe social des hommes domine, aujourd'hui encore, celui des femmes en monopolisant les postes de pouvoir. Mais l'homme n'est pas supérieur à la femme. Au niveau mondial, le groupe des humains à la peau blanche domine celui des humains à la peau noire, en s'accaparant les richesses. Mais l'homme blanc n'est pas supérieur à l'homme noir. De même, l'espèce humaine n'est pas supérieure aux autres espèces et, d'ici quelques millénaires – une goutte d'eau à l'échelle de la planète –, peut-être ne sera-t-elle même plus dominante. Les dinosaures ont dominé la Terre pendant plus de cent millions d'années. Où sont-ils aujourd'hui ?

Enfin, faire une hiérarchie entre les différents animaux n'a pas grand sens, puisque chaque espèce à un *intérêt à vivre* équivalent. Cette notion est théorisée par le journaliste Aymeric Caron, dans son livre *Antispéciste*. « Que ce soit pour un homme, une vache, un chien, un lapin ou un poisson, l'existence a exactement le même prix puisqu'elle est unique et permet à chaque individu – humain ou non – de se réaliser. La vie d'une vache est aussi précieuse pour elle que notre vie d'humain l'est pour nous. Par ailleurs, chaque être vivant conscient accorde à sa propre vie et à sa propre espèce une importance prioritaire. »

Yves Christen, lui, mange toujours de la viande. Peu, certes, mais, lors de notre rencontre, il a commandé un poulet tandoori. « Je ne pense pas aux capacités cognitives de la volaille chaque fois que j'en mange une, me dit-il en souriant. Mais il n'empêche que les gens devraient davantage s'intéresser aux animaux qu'ils consomment quotidiennement. »

C'est grâce à Yves et aux autres scientifiques cités plus haut que j'ai posé ma fourchette, le temps de réfléchir, de me renseigner. Je suis convaincu qu'un nombre croissant d'hommes et de femmes changeront dans les années à venir leur manière de considérer les animaux destinés à la consommation. « Il n'y a pas si longtemps, l'esclavage humain est devenu indéfendable quand la science a apporté les preuves que la supériorité raciale n'était qu'un préjugé sans fondement, écrit l'essayiste Karine Lou Matignon, qui a dirigé l'ouvrage collectif *Révolutions animales*. Tout porte donc à croire que le mouvement mondial en cours en faveur des animaux va se poursuivre et conduire à des transformations majeures de notre société et de nos rapports avec eux à moyen et long terme. »

Il y a des raisons d'espérer.

5.
VOULEZ-VOUS VRAIMENT SAVOIR ?

Difficile de soutenir le regard de Mauricio Garcia-Pereira. Ses yeux grands ouverts, qui ne clignent presque jamais, dégagent une intensité hors du commun. Son visage est sec et creusé. Son corps, nerveux. On devine la fatigue de muscles qui ont trop donné et d'un esprit qui en a trop vu. Mais, quand il raconte son histoire, l'énergie revient. Il ne tient plus en place. Toutes les deux minutes, il se lève en agitant les mains. Mauricio a quarante-neuf ans, dont six passés à l'abattoir municipal de Limoges. Je l'ai rencontré pour la première fois dans les locaux de ma rédaction, en février 2018. Il allait sortir un livre pour parler de son expérience et voulait témoigner, toucher le plus de monde possible. Mauricio avait besoin de parler pour exorciser ses souffrances et ses cauchemars. Je l'ai revu huit mois plus tard à Paris. Il participait à une manifestation contre la fourrure. On est allés boire un café chez moi et il a accepté de se replonger dans ses souvenirs traumatiques, encore très prégnants.

Mauricio est espagnol. Né et élevé en Galice, près de la ville de La Corogne. Son père travaillait dans une grande ferme industrielle et toute la famille vivait dans une maison sur le terrain de l'exploitation. « J'ai grandi au milieu des animaux. Les cochons, les vaches, les veaux, je les voyais tous les jours, se souvient-il. Une fois par an, un ouvrier tuait un porc pour mon père. J'entends encore le cri de l'animal. On l'égorgeait sans l'étourdir et il se vidait de son sang pendant plusieurs minutes. Je n'aimais pas ça. Mais, heureusement, c'était juste une fois par an. À l'époque, c'était un luxe de pouvoir tuer un cochon pour le manger. »

Mauricio s'installe, au début des années deux mille, à Limoges, pour rejoindre sa compagne française, qui devient la mère de ses deux garçons. À la suite de son divorce, il tombe dans la précarité et enchaîne les petits boulots en intérim. Puis, en 2010, l'agence Adecco lui fait une proposition : « Ils m'ont dit qu'il y avait un poste à l'abattoir municipal de Limoges. Je leur ai dit que ça m'intéressait alors ils m'ont demandé si j'avais un problème avec le sang, l'odeur de merde et les animaux morts. J'ai assuré que ça ne me dérangeait pas, que j'avais grandi dans une ferme. Puis, pour observer ma réaction, l'employée de l'agence d'intérim m'a montré des photos de bovins ensanglantés. J'ai fait mine de ne pas être troublé par les images. J'avais besoin de ce boulot, j'étais sur la paille. »

C'est ainsi qu'en avril 2010 Mauricio devient ouvrier spécialisé d'abattoir. Il le restera six ans durant. Six ans d'enfer. Six ans d'horreurs inimaginables, qui le hantent encore aujourd'hui. « Je fais toujours des cauchemars. Je me revois en tenue, sur la chaîne d'abattage, le couteau à la main, avec la vache qui me regarde, et, au moment où je dois la tuer, paf ! je me réveille en sueur en me disant : Ouf, c'était juste un rêve. » Ce travail a détruit Mauricio, solide gars de la campagne qui a pourtant vu des cochons se faire égorger dès son plus jeune âge. Mais il a tenu six ans. Peu d'ouvriers d'abattoir peuvent se vanter d'une telle endurance. Pendant ces six longues années, il a tout vu, tout entendu. Il connaît par cœur le fonctionnement d'une chaîne de tuerie à la française. Mauricio est l'un des seuls anciens employés d'abattoir à parler publiquement et à visage découvert de ce monde très secret. « J'ai vécu l'enfer et j'ai souffert en silence pendant des années, souffle-t-il. Maintenant j'ai besoin de tout dire, et de tout assumer. »

Même sans être particulièrement renseignés, la plupart des gens savent qu'il n'y a rien de bon dans l'élevage et l'abattage industriels des animaux destinés à la consommation.

Mais peu de monde a vraiment envie de connaître les détails. « Quand tu es à un dîner, qu'on te demande ce que tu fais dans la vie et que tu dis que tu travailles dans un abattoir, en général, les gens changent de sujet et ne posent pas plus de questions », se rappelle Mauricio.

Souvent, lorsque j'essaye d'en parler avec mes proches, on me demande de ne pas trop en dire. « Laisse-nous dans l'ignorance, s'il te plaît », m'ont dit un jour mes amis Julien et Cécile, alors que j'évoquais une vidéo tournée dans un lieu d'abattage. Quant à Alexandra, la femme que j'aime et qui partage ma vie, c'est une grande carnivore. Elle adore la viande et n'arrive pas à s'en passer totalement. Et, bien qu'elle comprenne et soutienne ma démarche de ne plus en manger, elle m'interrompt souvent quand j'aborde les conditions d'élevage et d'abattage des animaux. « Chut, tais-toi, maintenant, tu vas me dégoûter. »

Alexandra sait au fond d'elle-même que rien n'est défendable là-dedans. Mais elle préfère détourner le regard pour pouvoir continuer à consommer ces produits carnés qui lui procurent du plaisir, sans souffrir d'une trop grande contradiction entre sa morale et ses pratiques. Car, comme l'écrasante majorité des mangeurs de viande et de poisson, Alexandra n'est pas une sanguinaire sans pitié. Elle est sensible à la souffrance des autres, à l'environnement et, quelle que soit la situation, elle défend systématiquement les plus faibles. On peut être quelqu'un de bien et manger un steak tous les jours. On peut aussi être un salaud végétarien. Mais pour qu'Alexandra et tous les autres puissent continuer à se nourrir de chair animale sans se sentir en permanence mal à l'aise avec cette idée, ils ne doivent pas en savoir trop.

En effet, au-delà d'un certain seuil d'informations, pour une personne sensée, il devient compliqué de ne pas modifier ses pratiques alimentaires. J'ai moi-même franchi ce seuil en lisant, il y a trois ans, un livre offert par mon grand frère Xavier : *Faut-il manger les animaux ?*, de Jonathan Safran Foer, publié en 2011. Une enquête en béton et une plongée effrayante dans le monde de l'élevage industriel américain. Si vous ne voulez pas en apprendre plus sur la vie et la mort des animaux que vous mangez, arrêtez-vous ici. Peut-être qu'Alexandra n'ira pas plus loin, ou qu'elle sautera les cinquante pages qui suivent. Je ne lui en voudrai pas. Il y a sans doute d'autres domaines où, moi-même, je préfère fermer les yeux. Je me garderai donc bien de faire la leçon à quiconque, encore plus à quelqu'un que j'aime. Je vais simplement relater ici des faits et des éléments chiffrés sur la vie et la mort des animaux dont l'unique destin est de finir dans nos assiettes. Espèce par espèce, vous allez savoir à quoi ressemblent ces milliards d'existences absurdes.

COMBIEN ?

Pour commencer, il faut parler de chiffres. Ces chiffres, je ne les connaissais pas il y a encore deux ans. En fait, personne ne les connaît. Pourtant, ils existent et sont même en libre accès sur Internet. Il s'agit des chiffres de l'industrie de la viande. Accrochez-vous, ils donnent le vertige.

Après être devenu végétarien, une question m'avait été posée pendant un débat entre amis : combien d'animaux sont tués chaque année dans le monde pour être mangés ? À l'époque, je n'avais pas su y répondre. Il faut dire que ce chiffre global est difficile à déterminer précisément. Les organismes officiels ne calculent pas la consommation de chair animale en nombre d'individus tués, mais en poids par espèce. Nous évaluons l'intensité des échanges commerciaux d'êtres vivants comme nous le faisons pour des objets inanimés. Et c'est la FAO, l'organisation des Nations unies pour l'alimentation et l'agriculture, qui s'y colle. Selon elle, en 2016, l'humanité a consommé 317 millions de tonnes de viande, toutes espèces terrestres confondues. La FAO estime qu'en 2020 la consommation mondiale atteindra annuellement 319 millions de tonnes et, en 2050, 463 millions de tonnes. Ce chiffre brut ne veut pas dire grand-chose. Pour comprendre ce que cela représente concrètement, il faut entrer dans le détail.

Concentrons-nous sur l'année 2020 – la plus proche de la période d'écriture de ce livre – et le chiffre de 319 millions de tonnes qui, en arrondissant à l'unité supérieure ou inférieure la plus proche, se découpe comme suit : 115 millions de tonnes de porcs, 111 millions de tonnes de volailles, 77 millions de tonnes de bovins et 17 millions de tonnes d'ovins. Pour estimer combien d'animaux tués cela représente espèce par espèce, il faut effectuer un ratio à partir du poids moyen des carcasses commercialisées après abattage et dépeçage. Prenons l'exemple des vaches de race charolaise. Selon l'Institut de l'élevage, elles pèsent en moyenne 740 kilos à l'âge adulte, pour seulement 269 kilos de viande mis sur le marché après leur passage à l'abattoir. En extrapolant aux vaches du monde entier et en divisant le poids total de viande bovine consommée en un an par 269, on obtient ce nombre : 287 000 000. DEUX CENT QUATRE-VINGT-SEPT MILLIONS. Il faut l'écrire deux fois, en chiffres puis en toutes lettres, pour réaliser son importance : approximativement 287 millions de bovins sont tués chaque année pour être mangés. Neuf par seconde. Rien qu'en France, c'est 6,5 millions par an ; 742 toutes les heures. Sachant que les charolaises, sur lesquelles je me base pour faire cette estimation, sont en moyenne plus lourdes que la plupart des vaches. Le chiffre total de bovins tués chaque année est donc probablement encore plus élevé.

Si on reproduit ce calcul pour les autres espèces, on estime que, chaque année, l'humanité tue environ 500 millions de moutons, 1,4 milliard de porcs et 55 milliards de volailles. Cinquante-cinq milliards de volailles, soit 1 744 par seconde, dont presque 1 milliard juste en France, soit 114 155 par heure. Les Français sont des tueurs d'animaux efficaces. Au total, plus de 3 millions de bêtes sont abattues chaque jour dans l'Hexagone.

UNE VIE DE SOUFFRANCES

Des cochons heureux se vautrant dans la boue ou gambadant dans la rosée du matin. Des poules explorant le jardin en picorant et en cherchant des vers de terre. Des canards nageant sur un lac, leurs petits en file indienne derrière eux. Des lapins qui sortent du terrier, curieux, les oreilles tendues. Des vaches dans un immense pâturage, qui regardent paisiblement passer les trains pendant de longues années. Voilà les images que l'industrie de la viande veut imprimer dans nos têtes. Voilà ce que l'on veut nous faire croire, à grand renfort de spots publicitaires. Les industriels espèrent convaincre les consommateurs qu'ils ne font que perpétuer la tradition millénaire de l'élevage, avec des animaux et des hommes qui cohabitent en bonne entente au sein de la nature.

Je me souviens d'une publicité télévisuelle, il y a quelques années. Je n'étais pas encore végétarien mais elle m'avait quand même interpellé. On y voyait des poules danser sur un air de french cancan et la séquence se concluait par une voix off sur une image de cuisse de poulet dans une assiette : « C'est parce qu'elles sont préparées avec des volailles cent pour cent françaises que les grignottes Le Gaulois ont un goût et une saveur uniques. »

Je m'étais dit qu'il fallait quand même du culot pour montrer des poules en train de s'éclater entre copines juste avant de filmer leurs corps démembrés en gros plan. Bien sûr, personne ne pense vraiment que les poules dansent sur un air de french cancan. Mais l'image est sympa, elle fait sourire, et le consommateur associe malgré lui la marque Le Gaulois à des poules qui s'amusent. Si l'on en croit ce type de communication, tous les poids lourds de la grande distribution se fournissent uniquement auprès de petits éleveurs, dont les animaux s'épanouissent librement dans la verdure. Évidemment, tout cela est une immense tromperie. L'écrasante majorité de la viande que les Français mangent aujourd'hui provient d'exploitations industrielles qui ressemblent davantage à des usines qu'à des fermes. Il faut admettre qu'un élevage principalement artisanal ne pourrait pas répondre à la demande actuelle.

Certes, la consommation de viande des Français a diminué de 12 % ces dix dernières années, selon le Centre de recherche pour l'étude et l'observation des conditions de vie (Credoc), mais elle continue d'augmenter au niveau mondial. Pour faire simple : les pays riches mangent beaucoup plus de viande que les pays pauvres. La moyenne mondiale est d'environ 40 kilos par an et par habitant. Dans les pays développés, c'est deux fois plus, autour de 80 kilos. Les pays en développement, eux, dépassent légèrement les 30 kilos, tandis que les pays les moins avancés – essentiellement africains – tournent autour des 15 kilos. En France, selon FranceAgriMer, nous consommons 86 kilos par an et par habitant, ce qui nous situe au cinquième rang des plus gros consommateurs de protéines animales dans le monde[1].

Manger de la viande régulièrement, chez vous, à la cantine, au restaurant ou chez des amis, revient forcément à consommer de la chair venant de l'élevage industriel. Cette viande produite par les exploitations intensives est partout. Elle inonde les supermarchés et les boucheries. Impossible d'y échapper. Mais que signifie exactement l'expression « viande industrielle » ? Pour résumer, c'est un produit issu d'animaux qui ont eu une existence très courte, coupée de la nature, et faite de souffrances du début à la fin. La plupart du temps, ils ont grandi dans des fermes comptant plusieurs centaines – voire plusieurs milliers – d'individus dans un espace réduit.

21 novembre 2018, 1 heure. Je gare ma voiture de location au milieu des champs, dans une petite commune de Seine-Maritime. La nuit est glaciale. Aucune lumière, excepté les phares des véhicules circulant sur l'autoroute toute proche. L'obscurité n'est pas totale en raison du clair de lune. C'est ici, au milieu de nulle part, que je retrouve quatre militants animalistes, de l'association Direct Action Everywhere. Trois Français, à peu près de mon âge : François, William et Léa, accompagnés d'un Norvégien, Ole. Connaissant ma sympathie pour la cause animale, le petit groupe m'a contacté quelques jours plus tôt pour me proposer de les accompagner. Leur objectif cette nuit-là est très simple : s'introduire dans un

---

1. Selon des chiffres de 2014 fournis par la FAO.

élevage industriel de porcs, filmer, puis diffuser les images sur Internet. Les cochons sont prioritaires pour les défenseurs de la cause animale, car c'est la viande la plus consommée en France : 32,5 kilos par an et par personne en moyenne. Après quelques repérages, les militants ont identifié une exploitation de plusieurs centaines d'animaux. La veille de notre rendez-vous, ils ont vérifié qu'aucun dispositif de sécurité ne protégeait le site et que les portes n'étaient pas fermées la nuit. « Dans la plupart des élevages, tout est ouvert et il n'y a pas de caméras, m'explique William, qui a déjà visité clandestinement une quarantaine d'exploitations. Les propriétaires sont souvent endettés, ils n'ont pas les moyens d'investir, donc c'est facile d'entrer. » Ils m'ont demandé de venir habillé en noir, pour être discret. Je suis accompagné d'Albert, un cameraman de Konbini, équipé d'une caméra infrarouge. Le petit groupe, lui, dispose de lampes frontales et d'oreillettes reliées à des talkies-walkies, pour communiquer pendant l'opération.

L'élevage est situé à quelques centaines de mètres. Nous franchissons un fossé puis traversons un champ. Ole, le Norvégien, part en éclaireur et nous assure que la voie est libre. Nous pénétrons dans le bâtiment par la porte du vestiaire où les employés se changent au début et à la fin de leur journée de travail. William nous tend des combinaisons blanches et des surchaussures. « C'est pour éviter de faire entrer des germes extérieurs à l'élevage, explique-t-il. Vu la promiscuité à l'intérieur, on pourrait mettre en danger la santé des cochons. » Nous progressons à la lueur des lampes frontales dans les couloirs qui desservent plusieurs salles, puis nous entrons dans l'une d'entre elles, au hasard.

L'odeur nauséabonde et la chaleur étouffante me font grimacer. Les lampes de chauffage situées au-dessus des enclos dégagent une lumière rouge. Je découvre alors des dizaines des truies, enfermées dans de minuscules cages individuelles. Le métal enserre leurs corps de part et d'autre, les empêchant de se retourner. Seuls mouvements possibles ; se lever et se coucher. Autour de ces truies, de l'autre côté des barreaux, leurs porcelets, destinés à devenir de la viande. Ils ont à peine quelques jours, quelques heures pour certains, et sont en moyenne quatorze par enclos. Ils tètent frénétiquement leurs mères, dont les mamelles dépassent des cages. Ici, pas de paille, pas de terre, rien de naturel. Le sol est intégralement constitué de grilles, appelées « caillebotis », qui permettent de faire tomber les déjections des animaux directement dans une fosse à lisier. « Nous sommes dans une sorte de maternité, précise William. Les truies sont enfermées dans ces prisons individuelles, qu'on appelle des cages de mise bas. Elles y sont placées avant l'accouchement et peuvent y rester jusqu'à trois semaines après la naissance de leur portée. »

Je dénombre environ 200 truies dans les bâtiments que nous visitons. C'est un élevage industriel de taille modeste, les plus grosses exploitations pouvant dépasser les 700 femelles gestantes. L'horreur se dévoile progressivement sous mes yeux. Dans chaque enclos de la « clinique » gisent un ou plusieurs cadavres de porcelets, parfois recouverts de sang, au milieu de leurs petits congénères. D'autres, pris de convulsions, agonisent dans un coin. Certains viennent à peine de naître. Encore recouverts de liquide amniotique, ils sont piétinés par les autres porcelets qui essayent d'atteindre les mamelles. « Dans ce type d'élevage industriel, principalement à cause de la promiscuité, la mortalité des petits peut aller jusqu'à 20 %, souffle François. Les éleveurs ramassent les morts en arrivant le matin et les mettent à la poubelle. »

Dans un couloir, sur un chariot à roulettes, nous tombons effectivement sur un grand seau qui contient deux cadavres de jeunes porcs, et un fœtus. Un peu plus loin, au milieu d'une allée, je manque de marcher sur un porcelet, couché sur le côté. Il porte une plaie à la tête et tremble de tout son corps. « Lui, il ne passera pas la nuit, assure William. Vu sa blessure, il a dû se retrouver coincé entre sa mère et les barreaux de la cage. Ou alors, il a été *claqué*, comme on dit dans le milieu, c'est-à-dire frappé contre un mur ou les grilles par un employé. Ils font ça aux porcelets trop faibles, pour les achever. Ça coûte moins cher que d'essayer de les soigner. »

Je m'attarde sur les truies, prisonnières de leurs cages de métal. Plusieurs d'entre elles présentent des plaies purulentes au niveau des mamelles. Mais c'est surtout l'impossibilité de bouger qui me choque. Elles ne peuvent même pas regarder derrière elles ou changer de position ! Devant moi, l'une des prisonnières essaye péniblement de se relever. Elle glisse sur le sol, patine des pattes, grogne. Puis abandonne. C'est difficilement soutenable de voir ces pauvres animaux enfermés dans une cage qui leur cisaille le corps des semaines durant. L'industrie de l'élevage prétend que ce système est le seul moyen d'empêcher les truies d'écraser leurs petits. Dans un espace aussi confiné, bien sûr ! Mais que dit cet argument de ceux qui l'emploient ? Plutôt que d'élever leurs animaux dans un espace plus grand, voire en extérieur, ils préfèrent les entasser en encageant les femelles par « sécurité ». Plus rentable certes, mais plus cruel.

Inséminées artificiellement deux fois par an, ces truies donnent naissance à environ cinq portées dans leur vie, soit entre 27 et 29 porcelets annuellement. C'est dix de plus qu'en 1970. De même, l'intervalle entre la mise bas et l'insémination est aujourd'hui de huit jours seulement, contre vingt et un jours il y a cinquante ans. Après cette vie éreintante, lorsque leur fertilité diminue, vers l'âge de trois ans, les femelles reproductrices sont envoyées à l'abattoir. Les exploitations industrielles considèrent les animaux comme des machines et non comme des êtres doués de sensibilité.

Nous poursuivons l'exploration dans un autre bâtiment de l'élevage, où se trouvent les cochons plus âgés, les porcelets qui ont grandi. Ils sont entassés par dizaines dans des enclos minuscules, là encore sur caillebotis. Ces animaux ne sont jamais sortis d'ici. Ils ne savent pas à quoi ressemble le monde extérieur. Et ils ne le sauront jamais. Bientôt, ils seront abattus et transformés en jambons, jarrets, saucisses ou saucissons. Plusieurs d'entre eux présentent des blessures ou des traces de griffures sur le corps. Quand ils ne sont pas enfermés, les porcs se battent rarement. Les plus gros dominent les plus petits, la hiérarchie est claire, pas de conflits. En revanche, en élevage intensif, la promiscuité est telle qu'ils ne peuvent mener aucune activité sociale. Les cochons s'ennuient, deviennent agressifs et se battent entre eux. Ils se mordent les oreilles, la queue, parfois les pattes et le reste du corps. Les cas de mutilations sont nombreux. Dans un enclos, l'un des porcs présente d'énormes abcès recouverts d'excréments au niveau des pattes. Un peu à l'écart, sur des grilles, les cadavres de deux cochons, qui n'ont pas survécu à cet enfer.

Quand je demande à William si de telles conditions d'élevage sont légales, il répond par l'affirmative sans hésiter une seconde. En effet, rien n'interdit aux éleveurs de maintenir des cochons enfermés vingt-quatre heures sur vingt-quatre dans des bâtiments. Rien n'interdit le sol grillagé, source d'inconfort et de douleurs pour les cochons. Rien n'interdit, non plus, les cages de mise bas. S'ils le souhaitent, les éleveurs français peuvent même placer les truies dans des cages dites de « gestation » pendant une partie de leur grossesse, alors que le Royaume-Uni a interdit cette pratique en 1999.

Ce 21 novembre 2018, je quitte l'exploitation de Seine-Maritime avec la rage au ventre, persuadé que la plupart des gens arrêteraient d'acheter du jambon après une telle visite. Cet élevage n'est pas une exception, ni un site hors la loi, en marge du système. Bien au contraire, ce type de ferme est la norme dans notre pays. Selon Inaporc, la structure qui rassemble les professionnels de la filière porcine en France, 95 % des cochons sont élevés en bâtiments sur caillebotis. Lorsqu'ils pèsent entre 85 et 110 kilos, ils disposent d'un espace moyen de 0,65 mètre carré par tête. Pour vous rendre compte de ce que cela représente, il suffit de visualiser sur le sol un carré de quatre-vingt centimètres de côté. Minuscule, n'est-ce pas ? Au-delà des 110 kilos, la surface minimum passe à 1 mètre carré par porc. À côté, une prison haute sécurité, c'est du luxe.

Environ 95 % des cochons consommés passent ainsi l'intégralité de leur vie entassés les uns sur les autres. Quand on prend le train ou l'autoroute, on aperçoit toujours des vaches qui broutent. Les cochons, en revanche, personne ne les voit jamais. Dans tous les supermarchés de notre pays, il y a des rayons entiers de jambon, mais les consommateurs ne savent pas où se trouvent les animaux qui fournissent cette viande. Ils sont enfermés, loin des regards. Sans aucune distraction. Sans jamais voir le ciel. Sans avoir marché une seule seconde à l'extérieur, eux qui parcourent plusieurs kilomètres par jour lorsqu'ils sont en liberté. Ils ne connaissent que les grilles, sur lesquelles ils dorment, mangent et font leurs besoins. Rassurez-vous, ces existences ne durent pas longtemps. Dans la nature, les porcs peuvent vivre une quinzaine d'années. En élevage industriel, ils sont en général abattus entre leur sixième et leur huitième mois. La plupart ne vivent que cent quatre-vingts jours. Les cochons destinés à la consommation sont tous engraissés pour qu'ils grossissent à grande vitesse et soient le plus rentables possible. Ce mode d'élevage entraîne de nombreuses souffrances physiques et psychologiques pour ces mammifères sociaux, sensibles et, comme nous l'avons vu dans les chapitres précédents, particulièrement intelligents.

Pour que le goût de la chair convienne aux consommateurs, les porcelets mâles sont castrés. Sans anesthésie. Une pratique barbare que l'Assemblée nationale, sous la pression des lobbies agricoles, a refusé d'interdire en 2018. Très souvent, les élevages industriels coupent également la queue des jeunes cochons, à vif, pour éviter les blessures dues à la promiscuité. Cette pratique, appelée *caudectomie*, est interdite si elle est systématique, mais l'écrasante majorité des professionnels y ont quand même recours (90 % des exploitations européennes).

Quant aux cochons « de luxe », à la viande prétendument de qualité, comme le jambon de Parme, leur existence n'est pas plus enviable. Une enquête de l'émission « Envoyé spécial », diffusée sur France 2, en octobre 2018, dévoilait les conditions d'élevage de ces animaux dans le nord de l'Italie. Les porcelets de Parme sont entassés par dizaines dans de petits enclos. Les malades soumis à l'isolement agonisent pendant des heures sans que les éleveurs ne prennent la peine de les euthanasier. Dans cet enfer, deux porcelets sur dix meurent avant d'être envoyés à l'abattoir. Les truies, pour leur part, sont enfermées dans des cages de mise bas et de gestation, comme dans l'élevage de Seine-Maritime. Ces mammifères aux capacités cognitives très développées vivent extrêmement mal leur enfermement et développent des stéréotypies – comme le fait de mordiller inlassablement les barreaux des cages –, traduisant une grande détresse psychologique.

En Italie, en France et dans le reste du monde, l'élevage traditionnel des porcs est en train de disparaître. Selon Jocelyne Porcher, sociologue et chercheuse à l'Inra, on comptait environ 800 000 élevages porcins en 1970 dans notre pays, avec une moyenne de 12 animaux par éleveur. En 2004, il n'en restait que 19 000, dont 3 500 concentraient la moitié de la population totale de porcs avec une moyenne de 2 000 animaux par exploitation. D'après une étude plus récente de l'Institut français du porc (Ifip), les petits élevages (moins de 100 animaux) représentaient 48 % des exploitations en 2010 mais moins de 1 % du cheptel porcin. En d'autres termes, 99 % des porcs français vivent dans des élevages intensifs. Si vous consommez chaque semaine du jambon, de la charcuterie, de la côte, du jarret, du rôti ou du filet mignon de porc, vous mangez forcément de la viande issue d'animaux qui n'ont jamais respiré l'air du dehors et qui ont souffert toute leur courte vie.

Passons aux volailles. Un Français en mange environ 26,3 kilos par an. Oubliez les belles images rustiques. Oubliez la tradition. Oubliez les quelques dizaines de poules qui picorent tranquillement dans un jardin à la campagne et le coq qui chante tous les matins. Ces basses-cours personnelles existent encore, bien sûr, mais elles ne fournissent pas la viande que vous mangez. Selon l'Itavi, un organisme de recherche sur la filière de la volaille, 75 % des poulets élevés pour leur chair en France sont des « poulets standard » ou des « poulets grand export ». Derrière ce jargon se cachent des conditions de vie abominables. D'abord, ces animaux sélectionnés au fil des générations pour grossir plus vite ont une existence extrêmement courte. Ils sont systématiquement abattus avant leur quarantième jour alors que, dans la nature, une poule peut vivre une dizaine d'années. Dès la sortie de l'œuf, sans jamais avoir eu de contact avec leur mère, les « poulets standard » sont envoyés dans des élevages d'engraissement, avec pour objectif de leur faire prendre du poids à une vitesse éclair, quatre fois plus rapidement que dans les années cinquante, selon la Commission européenne. En deux mois, un poulet atteignait seulement 900 grammes en moyenne en 1957, contre... plus de 4 kilos aujourd'hui ! Un article scientifique publié en décembre 2018 dans la revue *Royal Society Open Science* montre à quel point l'élevage industriel a modifié l'aspect des volailles ces cinquante dernières années. « Le poulet d'élevage moderne est méconnaissable par rapport à ses ancêtres ou à ses congénères sauvages », explique à l'Agence France-Presse Carys Bennett, coauteur de l'étude. L'homme a créé une nouvelle espèce animale en quelques décennies, alors que l'évolution a besoin de millions d'années pour faire de même.

Ces créatures sont entassées dans d'immenses bâtiments, à raison de 22 poulets par mètre carré selon l'Itavi. Chacune dispose donc d'un espace plus petit qu'une feuille A4. Ces animaux n'ont jamais accès à l'extérieur. Jamais. Pas une seconde entre leur naissance et leur abattage. Eux qui, nous l'avons vu plus tôt, adorent explorer leur environnement lorsqu'ils sont libres et forment des groupes hiérarchisés au langage complexe, sont privés de toute activité sociale et de tout plaisir en élevage intensif. « La quasi-totalité des poulets sont élevés dans des hangars sans fenêtres, qui peuvent contenir de 10 000 à plus de 100 000 volailles, précise un rapport de Welfarm, une association de protection des animaux de ferme. Ils subissent des périodes d'éclairage artificiel quasi constantes avec très peu de périodes d'obscurité [...] et rencontrent des difficultés pour dormir car ils sont constamment dérangés par leurs congénères. La litière – jamais changée au cours de leur existence – devient vite exécrable et dégage une forte odeur d'ammoniac. »

Les poulets pataugent en permanence dans une épaisse couche d'excréments, qui cause infections et maladies respiratoires. Ce type d'élevage concentrant des dizaines de milliers d'animaux dans un espace confiné provoque aussi des comportements anormaux chez les volailles. Elles se « piquent », s'arrachent mutuellement les plumes, se blessent et souffrent des conséquences d'une croissance bien trop rapide. « Le corps des poulets se développe rapidement, mais le cœur, les poumons et les pattes ne connaissent pas la même évolution, précise Welfarm. De ce fait, des millions de poulets souffrent de douloureuses déformations ou de paralysies. Beaucoup sont également atteints d'insuffisance cardiaque. » Ces problèmes sanitaires sont récurrents. En 2010, l'Agence européenne de sécurité sanitaire des aliments estimait que trois « poulets standard » sur dix présentaient des anomalies au niveau des pattes.

Pour résumer, en France, 75 % des poulets sont abattus avant quarante jours, n'ont aucun accès à l'extérieur, et vivent dans des conditions catastrophiques. Ces poulets sont vendus dans les supermarchés – entiers, en morceaux ou sous forme de plats préparés et de produits type nuggets –, dans les restaurants ou encore dans les rôtisseries. Si vous montez un peu en gamme, vous trouverez les « poulets certifiés », qui représentent 8 % de la production française, toujours selon l'Itavi. Ils n'ont pas non plus accès à l'extérieur mais vivent un peu plus longtemps (environ soixante jours) et sont un peu moins serrés dans les bâtiments (18 individus par mètre carré contre 22 pour les « poulets standard »). Cela reste de l'élevage intensif extrêmement pénible et douloureux pour les animaux. Au total, donc, 83 % des poulets produits dans l'Hexagone vivent enfermés et entassés les uns sur les autres.

Restent les poulets Label rouge, dits « fermiers », 16 % de la production française, et les poulets biologiques, 1 % seulement. Les éleveurs de ces animaux, vendus à un prix nettement supérieur aux autres, sont obligés de respecter un cahier des charges plus strict. Les poulets Label rouge ou bio doivent avoir un accès à l'extérieur et ne peuvent pas être abattus avant quatre-vingt-un jours. Trois mois d'existence, cela reste dérisoire et les animaux vivent malgré tout par milliers dans un espace restreint : 11 poulets par mètre carré en moyenne à l'intérieur, soit deux feuilles A4 chacun, et deux mètres carrés par individu quand ils sortent du bâtiment. Certes, ils peuvent voir le ciel et se déplacer à l'air libre. Mais, par souci d'économie, les espaces extérieurs sont souvent rudimentaires et mal aménagés, avec un sol nu sans buissons ou végétation. Beaucoup de poulets fermiers ne s'y aventurent donc pas et restent à l'intérieur. Par ailleurs, certains d'entre eux ne sont libres d'aller dehors qu'une partie de leur vie. C'est le cas des poulets de Bresse, une appellation d'origine contrôlée (AOC) qui représente 0,01 % du marché français. Pour que ces volailles soient bien grasses, les éleveurs les enferment dans des cages plongées dans le noir pendant leurs deux dernières semaines d'existence.

Un luxe à côté du traitement réservé aux poules pondeuses, puisque 69 % d'entre elles sont, encore aujourd'hui, élevées en cages, de leur premier à leur dernier jour. Elles ne peuvent ni étendre leurs ailes, ni bouger sans toucher leurs congénères. Un enfermement source de souffrances physiques et psychologiques pour ces oiseaux intelligents. Afin d'éviter les agressions et le cannibalisme dans des espaces fermés et surpeuplés, leurs becs sont souvent coupés peu après la naissance. Une opération douloureuse appelée « épointage ». Malheureusement pour elles, les poules pondeuses vivent plus longtemps que les poulets de chair : elles sont tuées au bout d'un an et demi maximum, après avoir pondu environ 300 œufs. Au terme de ce calvaire, les poules sont épuisées, maigres et souvent malades. Elles ne valent plus rien et sont vendues environ 20 centimes pièce après abattage. Cette viande très bas de gamme est exportée notamment vers les grandes villes d'Afrique. Ces cadavres dont personne ne veut sont destinés aux habitants les plus pauvres de la planète.

Si vous achetez des œufs, regardez les chiffres inscrits sur les coquilles, ils indiquent le type d'élevage pratiqué :

    3 : l'œuf est issu d'une poule en cage ;

    2 : l'œuf est issu d'une poule élevée dans un bâtiment sans accès à l'extérieur mais sans cages ;

    1 : l'œuf est issu d'une poule disposant d'un accès à l'extérieur ;

0 : l'œuf est issu d'une poule disposant d'un accès à l'extérieur et élevée selon le mode de production biologique.

Bien sûr, les œufs marqués 0 ou 1 proviennent d'animaux qui ont une vie un peu moins horrible que les autres. En revanche, tous les modes d'élevage partagent deux pratiques que j'estime indéfendables : les poules sont abattues quand elles ne pondent plus assez, et tous les poussins mâles sont tués juste après être sortis de l'œuf. On appelle cela le sexage. Ces poussins mâles, qui représentent logiquement une naissance sur deux dans les immenses couvoirs industriels, sont jugés inutiles. Ils ne pourront pas pondre, cela va de soi. Mais ils ne pourront pas non plus être élevés pour leur viande puisque, contrairement aux poulets de chair, ils n'ont pas été sélectionnés pour s'engraisser rapidement. Ils sont donc tous abattus à la naissance. Sans exception, même en élevage biologique. Deux méthodes principalement employées : le gazage ou le broyage. Aucune réglementation n'impose l'étourdissement préalable des poussins. Environ 50 millions d'entre eux sont donc massacrés pleinement conscients en France chaque année. Même la marque Poule House, la seule s'engageant à ne pas tuer les poules quand elles ne pondent plus assez (les œufs vendus 1 euro pièce financent des « maisons de retraite »), ne parvient pas aujourd'hui à éviter le sexage des poussins. En 2018, le gouvernement mené par Édouard Philippe a refusé d'interdire cette pratique lors de l'adoption de la loi alimentation. La raison avancée ? Cela aurait mis en danger la rentabilité de la filière. Enfin, il faut préciser que ces conditions d'élevage infernales s'appliquent également aux autres espèces de volailles. Les 135 millions de dindes, 62 millions de canards et 55 millions de cailles élevés et tués annuellement dans l'Hexagone subissent globalement le même traitement que les poulets.

Dans l'horreur de l'élevage industriel, le sort des lapins est peut-être encore moins enviable. En France, 99 % d'entre eux sont élevés en cages. Quand vous mangez du lapin, sauf si vous l'avez chassé vous-même, il n'y a aucun doute : vous mangez un animal qui a passé toute sa vie entouré de barreaux. Et, bien sûr, rien à voir avec les cages destinées aux lapins domestiques, qui contiennent une litière, un endroit pour dormir et des jeux. Non, il s'agit de cages nues. Les animaux y sont entassés à plusieurs et le sol grillagé cisaille leur corps. Durant toute leur existence, ils ne peuvent jamais bondir, courir, ou se dresser sur leurs pattes arrière comme ils le font dans la nature. En fait, ils ne peuvent quasiment pas bouger, ne serait-ce que de quelques centimètres. Au vu de la promiscuité et pour éviter la propagation de maladies, les éleveurs administrent de nombreux antibiotiques et médicaments aux lapins. Malgré cela, le taux de mortalité est énorme.

Selon les chiffres de l'Itavi, 26 % des lapins meurent avant soixante-treize jours, âge auquel ils sont envoyés à l'abattoir. Sur les images tournées par différentes associations à l'intérieur des élevages, on découvre des lapins prostrés, le cou tordu, la tête partant vers le bas et les yeux infectés remplis de pus. D'autres sont morts, ou agonisants, et laissés à l'abandon au milieu de leurs congénères. Les femelles reproductrices, elles, sont placées à l'isolement en cages individuelles, et sont pleines en permanence. Après chaque mise bas, elles sont à nouveau inséminées artificiellement. Elles donnent ainsi naissance à une soixantaine de lapereaux chaque année. Ce rythme infernal cause la mort d'un tiers des femelles avant l'abattage.

Enfin, il y a les vaches. Je dis bien les vaches. Car, quand vous pensez manger un steak de bœuf, il s'agit en fait souvent d'un steak de vache. Selon l'Institut de l'élevage, seulement 8 % de la viande bovine française provient de bœufs, ces mâles castrés hyper-musclés, élevés uniquement pour leur chair, et abattus très jeunes (entre deux et trois ans). Le reste, c'est de la viande de jeunes bovins (13 %) mais surtout de vaches (79 %). L'inscription « 100 % pur bœuf » ne veut rien dire, elle garantit simplement qu'aucun additif – soja ou oignon, par exemple – n'a été ajouté.

Concentrons-nous sur le sort des femelles et des veaux. L'Hexagone compte grosso modo 8 millions de vaches qui se divisent en deux groupes de taille comparable : les races laitières et les races à viande. Les laitières, comme leur nom l'indique, passent entre six et sept ans à fournir du lait avant de voir leur productivité baisser et d'être envoyées à l'abattoir. Leur chair constitue le plus souvent la viande hachée bas de gamme ou les produits industriels transformés, type sauce ou plats préparés. Les vaches à viande, elles, ont pour mission de donner la vie au plus grand nombre de veaux possible, pendant sept à dix ans, avant d'être engraissées et tuées pour être transformées en steaks.

Dans quelles conditions ces vaches sont-elles élevées ? D'abord, même si elles vivent beaucoup plus longtemps que les autres espèces d'animaux que nous mangeons, elles n'atteignent jamais leurs vingt ans d'espérance de vie. Et, bien qu'une écrasante majorité des bovins bénéficient d'un accès aux pâturages, seuls 20 % d'entre eux sont élevés en plein air intégral, selon l'Agreste, l'organisme statistique du ministère de l'Agriculture. Un chiffre qui tombe à 8 % pour les vaches laitières et à 2 % pour les veaux de boucherie. En France, un élevage compte 146 têtes en moyenne pour 532 mètres carrés d'espace intérieur, soit moins de 4 mètres carrés par animal lorsqu'ils ne sont pas en pâturages. Par ailleurs, 19 % des vaches à viande et 40 % des laitières vivent entravées dans des box individuels. Précisons que la plupart des fermes sont encore familiales, même si les projets de méga-élevages en intérieur se développent, comme la désormais célèbre ferme des mille vaches, dans les Hauts-de-France.

Mais, quelle que soit la taille des exploitations, bio ou non, la vie des vaches laitières n'est pas agréable. Elles sont inséminées tous les douze mois à partir de leur deuxième année pour qu'elles produisent du lait en continu dans des quantités toujours plus grandes. Selon le Centre national interprofessionnel de l'économie laitière (CNIEL), une vache produit en moyenne 6 800 litres de lait par an aujourd'hui, contre 5 700 en 2000. Cela s'explique notamment par une sélection opérée au fil des générations pour ne garder que les vaches les plus productives. Des chiffres beaucoup plus inquiétants sont avancés ailleurs. D'après une enquête du média en ligne Les Jours, on parvient à faire produire jusqu'à 12 000 litres de lait par an à certaines vaches en France, contre à peine 2 000 pour les meilleures il y a soixante ans. Le record a été établi en décembre 2017 par une vache américaine : plus de 35 000 litres de lait en une seule année. Des quantités délirantes, complètement déconnectées de ce que ces animaux produisent dans la nature, qui impliquent une vie de souffrances.

« La vache laitière est l'exemple suprême de la mère surmenée, explique John Webster, professeur à l'école vétérinaire de l'université de Bristol, cité par Thierry Souccar dans *Lait, mensonges et propagande*. De tous nos animaux d'élevage, c'est celui qui travaille le plus dur, et il est possible de calculer cela scientifiquement. C'est l'équivalent d'un coureur qui courrait six à huit heures par jour, ce qu'on pourrait appeler une course folle. »

Pendant cette existence de labeur, les vaches donnent naissance à de nombreux veaux. Ils sont enlevés à leurs mères juste après leur naissance et envoyés principalement dans des élevages d'engraissement, où ils sont enfermés dans des box individuels à peine plus grands qu'eux. Les veaux subissent de nombreux mauvais traitements. Certains sont castrés sans anesthésie et la plupart sont écornés à l'aide d'un fer chaud ou d'une cisaille. Pour que leur viande soit claire et corresponde ainsi aux habitudes des consommateurs, il est courant de les affamer volontairement. Avant leurs deux ans, ils sont abattus et transformés en nourriture.

Je pourrais écrire deux cents pages de plus sur l'élevage industriel, contenant des informations toutes plus horribles les unes que les autres. Mais ce serait inutile car vous savez désormais l'essentiel : la quasi-totalité de la viande que vous consommez est issue d'un système intensif qui fait mener aux animaux une vie d'une tristesse infinie, faite d'innombrables souffrances physiques et psychologiques. Pendant que vous lisez ces lignes, à quelques dizaines ou quelques centaines de kilomètres de chez vous, des millions d'animaux sont privés de tout ce que la nature peut leur offrir.

6.
LES USINES DE MORT

Pour qu'un animal devienne de la viande, il faut le tuer. Cela semble évident. Mais nous sommes tellement déconnectés des êtres vivants qui finissent dans nos assiettes qu'on peut parfois l'oublier. Avez-vous déjà tué un poulet ? Assisté à la mise à mort d'un cochon, d'une vache ou d'un mouton ? Moi, jamais. En revanche, j'ai déjà pêché des poissons. Je trouvais un peu triste de les voir se débattre sur le sol, mais cela ne m'a jamais dégoûté ou choqué. Normal, les animaux marins sont tellement différents de nous – notamment dans l'expression de leur désarroi ou de leur douleur – qu'il est difficile de s'y identifier. Mais un cochon qui hurle quand on l'égorge, un veau qui se débat pour échapper au couteau ou un mouton qui tente de s'enfuir désespérément, c'est une autre histoire. Comme nous, ces mammifères paniquent quand ils sentent la mort approcher et hurlent lorsqu'ils ont mal. Si vous deviez participer ou assister à la mort des animaux que vous consommez, mangeriez-vous autant de viande ? Peu probable. C'est bien pour cela que la mise à mort des animaux destinés à la consommation a été soustraite à notre regard. En France comme ailleurs, les tueries ont lieu derrière les murs des abattoirs. Dans notre pays, il en existe 256 réservés aux porcs, moutons et bœufs ; 700 pour les volailles et les lapins. Au total, 80 000 personnes travaillent dans ces usines de mort.

J'ai déjà évoqué le cas de Mauricio Garcia-Pereira, qui a passé six ans en tant qu'ouvrier à l'abattoir municipal de Limoges. D'autres personnalités et experts interviendront dans les prochaines pages :

Olivier Falorni, député de la première circonscription de la Charente-Maritime, ancien socialiste désormais sans étiquette. Il a présidé en 2016 la commission d'enquête parlementaire sur les conditions d'abattage des animaux dans les abattoirs français. Cette commission a été mise en place après la diffusion d'images, par L214, montrant des actes de cruauté envers les animaux et a donné lieu à un rapport : le « rapport Falorni » ;

Jean-Luc Daub, enquêteur responsable de la protection animale pour plusieurs associations. Il a inspecté les abattoirs français pendant quinze ans, entre 1993 et 2008, et en a tiré un livre intitulé *Ces bêtes qu'on abat* ;

Geoffroy Le Guilcher, journaliste, qui s'est infiltré dans le plus grand abattoir de Bretagne en y travaillant comme ouvrier. Il raconte son expérience dans *Steak machine*, publié en 2017.

La première caractéristique d'un abattoir, c'est d'être caché. Je n'ai pas le souvenir d'être déjà passé devant l'un d'entre eux. Ou alors, je n'avais rien remarqué. Olivier Falorni en sait quelque chose. La commission d'enquête parlementaire qu'il a présidée avait pour mission de mener des visites surprises. Je le reçois un matin d'octobre dans mon salon.

« C'est le premier constat que l'on a fait : même en tant que députés, on a parfois eu du mal à trouver le lieu d'abattage ! Il n'y a aucun panneau qui indique leur localisation, ce n'est jamais fléché. Symbolique, mais assez révélateur du fait que l'industrie veut dissimuler ces usines. Deuxième constat : les abattoirs sont des bunkers. En général, ils sont entourés de grilles de trois mètres de haut, avec des caméras partout pour surveiller l'extérieur. C'est assez cocasse quand on sait que le secteur refuse la vidéosurveillance à l'intérieur... »

Les premiers lieux de tuerie voient le jour à Paris au début du XIXᵉ siècle. Auparavant, les animaux étaient tués au grand jour, sur leur lieu de vie ou les étals. Les abattoirs sont généralisés en France au début du XXᵉ siècle, et pas uniquement pour des raisons d'hygiène. « Le spectacle de la mise à mort rendrait les hommes violents entre eux et aurait un effet négatif sur les enfants, explique Catherine Rémy, chercheuse au CNRS, lors de son audition par la commission Falorni en 2016. On décide de "cacher la mise à mort des animaux pour n'en pas donner l'idée", pour reprendre les mots de l'historien Maurice Agulhon. » Cet éloignement des abattoirs est essentiel pour l'industrie de la viande. « Les barons de l'élevage industriel savent que leur modèle d'activité repose sur l'impossibilité pour les consommateurs de voir (ou d'apprendre) ce qu'ils font », écrit Jonathan Safran Foer dans *Faut-il manger les animaux ?*.

L'abattoir breton[1] infiltré par Geoffroy Le Guilcher est gigantesque : 2 000 ouvriers, 100 000 mètres carrés de bâtiments et 2 millions de mètres carrés de terrain. Pour cacher tout cela : 40 000 arbres plantés par l'entreprise. Sur ce site, 600 vaches et 2 500 porcs sont tués chaque jour. Cela représente une vache et quatre porcs abattus par minute entre l'arrivée des premiers ouvriers et le départ des derniers. Vertigineux.

En France, les abattoirs sont de moins en moins nombreux et de plus en plus grands. La raison est simple : seuls les gros sites aux cadences rapides arrivent à gagner de l'argent. Les petits abattoirs publics municipaux, eux, sont en train de disparaître. En 1980, selon le ministère de l'Agriculture, ils représentaient encore 62,5 % des abattages. En 2010, ce chiffre est tombé à 8,2 %. Aujourd'hui, la majorité de la viande que vous mangez est passée par des méga-usines appartenant à de grands groupes industriels. Deux d'entre eux dominent le marché :

---

1. Le nom de l'abattoir ne peut être rendu public, pour protéger les témoins qui s'expriment dans le livre de Geoffroy Le Guilcher.

Bigard, propriétaire des marques Charal et Socopa, qui abat chaque année 43 % de la production française de viande pour un chiffre d'affaires de 4,2 milliards d'euros[1] ;

Cooperl, spécialisé dans le porc, qui tue 20 % des cochons élevés dans notre pays dans ses quatre abattoirs. Chaque semaine, cette entreprise égorge 92 000 animaux, soit 5 millions par an. Chiffre d'affaires annuel : 2 milliards d'euros[2].

Je retrouve Geoffroy Le Guilcher début septembre dans un café de la gare de l'Est, à Paris. Il a un train à prendre et j'habite à côté. Geoffroy est grand et mince, les cheveux en bataille, un piercing à l'oreille, petites lunettes rondes, bagues aux doigts. Look d'écrivain ou d'intellectuel de gauche. Difficile de l'imaginer crédible dans un abattoir. « Je me suis rasé la tête et j'ai mis des lentilles, pour ne plus ressembler à un bobo parisien, me lâche-t-il en riant. J'ai aussi utilisé mon deuxième prénom, Albert, pour que les recruteurs ne tombent pas sur mon profil de journaliste en tapant mon nom dans Google. »

Le stratagème fonctionne, il est embauché. « Le travail est tellement dur qu'il y a un turnover hallucinant. Ils ont en permanence besoin de main-d'œuvre. » Geoffroy loue un petit appartement dans l'un des deux villages sur le territoire desquels s'étend l'usine. Premier jour de boulot. « Quand je suis arrivé devant l'abattoir, j'ai entendu un fort bruit de tronçonneuse. Enfin, je croyais que c'était une tronçonneuse. J'ai découvert après que c'était une scie mécanique géante qui coupait les vaches en deux. Le truc qui m'a le plus frappé, au début, c'est l'odeur. Une odeur de sang frais, comme dans une boucherie, mais en beaucoup plus puissant. Tu mets du temps à t'en débarrasser, même en prenant une douche. »

Dans les abattoirs modernes, le travail à la chaîne est toujours la norme. Chaque ouvrier a un poste précis et répète

---

1. Chiffre pour l'année 2014.
2. Idem.

les mêmes tâches toute la journée. Un premier groupe tue les animaux, et un deuxième les découpe pour les transformer en morceaux de viande. « L'abattoir est divisé en deux parties : la zone sale et la zone propre, explique Geoffroy. La zone dite sale, c'est là où les animaux sont encore en vie ; la zone propre, c'est quand ils sont morts et débarrassés de leur peau. Contrairement à ce que pensent les gens, la plupart des ouvriers ne voient ni les animaux vivants ni leur exécution. La majorité des postes sont des postes de découpe et de préparation des carcasses. »

Au sein même des abattoirs, la « tuerie » – l'endroit où l'on tue les bêtes – est souvent dissimulée derrière des murs. Les directeurs craignant que des photos ou des vidéos ne fuitent, seuls quelques ouvriers ont le droit d'accéder à cette zone. Il est tout à fait possible de travailler dans un abattoir sans jamais assister à la mise à mort d'une vache, d'un porc ou d'un mouton.

Geoffroy, lui, est affecté au « parage ». Son travail consiste à dégraisser avec des couteaux les vaches ou les veaux morts qui se présentent devant lui. Pour cela, il dispose d'une minute par carcasse. Pas une seconde de plus. Même chose pour tous les ouvriers, quel que soit le poste. Une minute pour étourdir l'animal. Une minute pour l'accrocher par la patte. Une minute pour le saigner. Quand la minute est écoulée, une alarme retentit, et la chaîne avance d'un cran. Cette chaîne, impossible de l'arrêter, sauf en cas d'incident grave. Une tâche mal effectuée ou incomplète, qu'il s'agisse de la mise à mort ou de la découpe, n'est pas une raison suffisante pour stopper la machine. La rentabilité de l'abattoir en dépend. Nous le verrons, cette cadence infernale fait souffrir les salariés et les force à traiter des êtres vivants comme des objets inanimés.

« C'est super que vous fassiez un bouquin là-dessus ! » À l'autre bout du fil, Jean-Luc Daub a la voix douce et un accent alsacien prononcé. Je viens de finir son livre, *Ces bêtes qu'on abat*, et il fallait que je lui parle. Je ne pouvais pas attendre d'organiser un rendez-vous, tant son récit m'a sidéré. Jean-Luc a relaté par écrit ses quinze années passées à inspecter les abattoirs français. Ses propos sont tirés de milliers de notes prises pendant les visites. Les phrases sont acérées, chirurgicales, remplies de détails. « J'ai visité plus de trois cents abattoirs entre 1993 et 2008, m'explique-t-il. Depuis, certains ont fermé, mais la plupart fonctionnent toujours. J'étais mandaté par des associations de protection animale pour vérifier le respect de la législation. Les directeurs n'étaient jamais contents de me voir arriver, mais ils n'avaient pas le choix, c'est la loi. »

Savez-vous comment sont abattus les animaux que vous mangez ? J'en avais une vague idée, mais Jean-Luc m'a aidé à y voir plus clair. L'abattage des cochons, bovins, moutons ou chèvres comporte trois étapes. La première, l'immobilisation, consiste à pousser les animaux un par un dans le couloir de la mort pour arriver dans un box individuel adapté à leur taille. Là, ils ne peuvent ni reculer, ni sauter, ni se retourner. L'immobilisation totale est requise pour la deuxième étape : l'étourdissement. Cette opération est obligatoire en France depuis 1964 – sauf pour l'abattage religieux, nous y reviendrons – et doit faire perdre conscience à l'animal afin qu'il ne ressente plus la douleur. Il existe plusieurs méthodes d'étourdissement. Pour les bovins, la plus courante est l'utilisation d'un pistolet à tige perforante, que les ouvriers d'abattoir appellent le « matador ». Appliqué sur la tête de la vache, il doit, en quelques millièmes de seconde, perforer son crâne et endommager son cerveau, provoquant une perte de conscience immédiate, mais pas la mort. Pour les porcs et les moutons, la méthode la plus utilisée est l'électronarcose, c'est-à-dire l'étourdissement par choc électrique. Cette technique peut être automatique, les électrodes sont alors intégrées dans la structure du box d'immobilisation. Elle peut aussi être manuelle, en utilisant une pince électrique que l'ouvrier applique derrière les oreilles de l'animal.

Une fois l'animal étourdi, donc inconscient, le box d'immobilisation s'ouvre. La bête doit alors être immédiatement accrochée à la chaîne située en hauteur par une patte arrière. La loi est très claire : si l'animal est conscient, il est strictement interdit de le suspendre. Puis vient la troisième étape, la saignée, qui doit intervenir très rapidement après l'étourdissement pour éviter toute reprise de conscience. À l'aide de couteaux parfaitement aiguisés, le « tueur » – c'est le titre de l'ouvrier qui occupe ce poste – sectionne les artères du cou. L'animal se vide alors de son sang et, lorsque la dernière goutte a fini de couler, il est considéré comme mort. Sa carcasse peut être envoyée vers le reste de la chaîne, où elle sera découpée et préparée. Dans les gros abattoirs industriels, « la tuerie se décompose en quatre postes, écrit Geoffroy Le Guilcher. Celui qui amène l'animal dans le piège, celui qui tire une cartouche [pour étourdir], celui qui accroche la bête et celui qui égorge. » En revanche, dans les petits abattoirs communaux, un seul ouvrier est parfois chargé d'étourdir l'animal, de l'accrocher et de le saigner.

Pour les volailles, c'est un peu différent. Elles sont suspendues conscientes à la chaîne par une patte. Cette chaîne avance à grande vitesse et leur fait plonger la tête quelques secondes dans un bain d'eau électrisée censée les étourdir, puis les conduit vers des lames qui leur sectionnent le cou.

Passons maintenant à l'abattage dit « rituel », méthode pratiquée pour tuer les bêtes destinées à devenir de la viande certifiée halal ou casher. Pour être considérés comme aptes à la consommation par les autorités religieuses musulmanes et juives, les vaches, veaux ou moutons doivent être égorgés en pleine conscience, sans étourdissement. Cette pratique extrêmement douloureuse pour les animaux est autorisée par dérogation, uniquement pour le halal et le casher. La réglementation impose aux abattoirs concernés d'être équipés d'un box d'immobilisation rotatif. L'animal est coincé entre des parois métalliques qui pivotent pour présenter son cou au sacrificateur. Il est alors égorgé avec un couteau et doit rester dans le box jusqu'à ce que le sang se soit entièrement écoulé. Interdiction de tuer l'animal s'il n'est pas totalement immobilisé, et interdiction de l'envoyer à la découpe s'il est encore en train de se vider de son sang.

Voilà ce que dit la loi. Les abattoirs doivent procéder ainsi pour ne pas être en infraction. « Même quand la réglementation est respectée à la lettre, c'est un spectacle insupportable pour la quasi-totalité des gens, assure Jean-Luc. Sauf que la réalité est encore pire car la majorité des abattoirs ne respectent pas la loi. Je n'ai jamais visité un site 100 % conforme. Même dans les usines modernes, il y a toujours quelque chose qui ne va pas. »

Quand je mangeais des animaux, j'étais persuadé qu'ils n'avaient pas souffert. Je me disais : Quand même, on est en France, il doit y avoir des contrôles stricts. Je pensais qu'ils étaient tous endormis avant d'être tués. Sincèrement, j'y croyais dur comme fer. Mais la réalité des abattoirs est tout autre. « Des animaux mal étourdis, égorgés en pleine conscience et qui souffrent le martyre, j'en ai vu presque tous les jours », assène Jean-Luc.

Et s'il y en a un qui peut confirmer ce triste constat, c'est bien Mauricio, qui, je le rappelle, a travaillé six ans à l'abattoir municipal de Limoges, l'un des plus grands abattoirs publics de France. Spécialité : viande bovine. Entre 250 et 300 bêtes tuées chaque jour. « Quand tu arrives pour la première fois dans un abattoir, tu n'es pas prêt à voir ce que tu vas voir, me dit-il, bien installé dans son fauteuil. Qu'est-ce que j'ai ressenti mon premier jour ? Difficile de trouver les mots pour le décrire. Du dégoût surtout. Dès que tu approches des bâtiments, à deux cents ou trois cents mètres, l'odeur t'envahit. Tu apprends très vite à ne plus respirer par le nez, parce que, dès que tu respires par le nez, c'est la gifle. »

Au début, Mauricio a pour mission d'aspirer la moelle épinière des vaches, pour des raisons d'hygiène. Les animaux qui arrivent à son poste sont déjà des carcasses sans vie. Mais, dans un abattoir, il faut savoir être polyvalent. « Un jour, se souvient-il, j'ai dû remplacer un collègue au poste juste après le matador, là où on est censé étourdir les bovins. Une fois qu'elles ont pris la tige perforante dans la tronche, le box s'ouvre et les vaches inanimées roulent sur le côté. Mon boulot, ce matin-là, c'était d'accrocher une grosse chaîne autour de leur cuisse gauche, juste au-dessus du genou, pour qu'elles soient ensuite suspendues en l'air par la machine et qu'elles partent vers la saignée. En théorie, ce n'est pas trop compliqué, parce que les vaches sont censées être inconscientes. Sauf que pas du tout ! Souvent, le mec au matador, il se loupe ! »

Mauricio se redresse, pour mimer la scène : « Comme le box d'immobilisation n'est pas parfaitement adapté à tous les gabarits, certains bovins paniqués parviennent à bouger. Et là, c'est super dur de viser la cervelle. Du coup, le collègue, il tape un peu à côté, sur la tête, mais pas au bon endroit. Donc les vaches, elles s'effondrent, mais elles ne sont pas inconscientes ! Elles beuglent et donnent des coups de sabot. Essaye de leur accrocher la chaîne autour de la cuisse dans ces conditions ! C'est super dangereux. Je n'ai même pas tenu une heure. J'ai demandé au chef de me changer de poste. »

J'interromps Mauricio pour savoir pourquoi la chaîne n'est pas arrêtée quand l'ouvrier chargé de l'étourdissement se rate. Ne peut-on pas lui laisser le temps de faire un deuxième essai ? « Mais tu ne peux pas arrêter la machine comme ça ! Quand tu mets en pause, tu mets en pause toute la chaîne, pas seulement ton poste. Donc, derrière, tout le monde prend du retard et l'abattoir perd de l'argent. Parfois, même quand tu gueules pour arrêter, le chef te dit non. » Je lui demande alors ce que deviennent ces vaches mal étourdies. Je connais la réponse, mais je veux l'entendre : « Elles sont quand même accrochées à la chaîne et envoyées à la saignée. » Elles sont donc égorgées en pleine conscience et souffrent atrocement. Ces images, vous les avez peut-être déjà vues dans des vidéos de l'association L214, tournées dans les usines de mort. Des bovins suspendus par une patte qui remuent dans tous les sens, et qui réagissent par de violents mouvements de tête lorsque le tueur tranche les artères du cou.

Des histoires d'horreur sur les animaux mal étourdis, Jean-Luc Daub en a des milliers à raconter. Il se souvient de tout, mais il a été particulièrement marqué par les porcs. Lors de ses nombreuses visites en abattoirs, il a noté d'innombrables dysfonctionnements du système d'électronarcose censé plonger immédiatement les cochons dans un état d'inconscience avant la saignée. « Avec une application, qui dure parfois plus de vingt-cinq secondes, d'une pince réglée à un voltage très bas, l'étourdissement s'apparente à une séance de torture à l'électricité, écrit-il dans *Ces bêtes qu'on abat*. J'ai vu trop souvent dans plusieurs abattoirs une utilisation désastreuse de la pince. L'application doit être faite derrière les oreilles pour que le courant choque le cerveau. J'ai déjà vu l'application sur les épaules, sur l'arrière-train [...], dans les yeux, ou sur le cœur. Dans un abattoir de Bretagne qui était en réfection, le système et la pince étaient si vétustes que les porcs hurlaient pendant l'application de la pince ; cela durait longtemps avant qu'ils ne s'écroulent. Dans d'autres abattoirs, la pince est appliquée si longtemps que l'animal est mis à mort par électrocution. »

Comme dans un compte-rendu de police, Jean-Luc décrit froidement une autre scène à laquelle il a assisté dans un abattoir de la région Rhône-Alpes : « Porcs hurlant pendant l'application de la pince, ce qui prouvait qu'elle n'était pas assez puissante pour les étourdir, mais suffisamment pour les faire souffrir. [...] Les porcs étaient suspendus et saignés en pleine conscience. L'employé quittait le poste de saignée alors qu'il y avait des porcs suspendus en attente d'être saignés. [...] Je suis intervenu pour empêcher la suspension d'un porc qui n'était pas étourdi, alors que l'employé en avait déjà suspendu trois autres en pleine conscience. »

Parfois, la pince électrique fonctionne correctement, et les cochons tombent dans un état d'inconscience. Souvent cependant, les ouvriers attendent ensuite trop longtemps avant de les saigner et les animaux se réveillent. « À un moment donné, l'employé quitta son poste, alors qu'un porc était suspendu en attente d'être saigné et que d'autres arrivaient, écrit Jean-Luc dans son compte-rendu de visite de l'abattoir. Je l'ai signalé à la responsable qualité qui est allée le chercher. Ce dernier a manifesté son mécontentement, estimant que ce n'était pas la peine de venir pour si peu. Il a quand même effectué la saignée sur les porcs qui s'étaient réveillés. »

Avec sa commission d'enquête parlementaire, le député Olivier Falorni avait le pouvoir d'organiser des visites surprises en abattoirs. Il s'est notamment rendu dans un petit établissement municipal en Saône-et-Loire, qui tuait des bovins, des ovins et des cochons. « Il y avait un jeune qui devait avoir à peine dix-huit ou vingt ans, qui travaillait la moitié de la semaine à l'abattoir, se remémore-t-il, assis dans mon salon. C'était un garçon de la ferme, tout sauf une bête féroce, mais qui travaillait dans des conditions qui le poussaient à maltraiter malgré lui les animaux. Le couloir d'amené n'était pas adapté aux moutons, qui y entraient à plusieurs. Ils se débattaient dans le box d'étourdissement. Pire encore, la pince électrique pour étourdir les cochons fonctionnait une fois sur deux. Le jeune salarié passait entre cinq et dix minutes pour faire perdre conscience à l'animal ! Ce n'est pas une maltraitance volontaire, c'est une maltraitance structurelle liée au manque d'investissement dans les équipements. C'est souvent le cas dans les petits abattoirs. Dans les usines plus importantes, le problème, c'est la cadence extrêmement rapide. »

Olivier Falorni a aussi visité des gros abattoirs privés, dont l'un en Loire-Atlantique, spécialisé dans la volaille. « Là, on a vu des trucs assez sidérants. Des employés qui accrochent à la chaîne les poulets vivants à toute vitesse pendant des heures et des heures. C'est un endroit de violence assez insupportable. Les poulets ne sont étourdis qu'en fin de chaîne, pas au départ. On les accroche avant de les étourdir. À la fin, il y a un bain électrique. Les poulets plongent la tête dedans, et c'est censé leur faire perdre conscience. Juste après, il y a une lame qui leur coupe la tête, une sorte de guillotine automatique. Le problème, c'est que le bain électrique ne marche pas à tous les coups. Certains animaux arrivent sur la lame totalement conscients. Et parfois, ça rate, le cou n'est pas tranché, ou juste en partie… »

Impossible de savoir combien de poulets, de vaches, de cochons ou de moutons sont tués sans être étourdis au préalable chaque jour dans notre pays. Il faudrait un enquêteur dans chaque abattoir en permanence pour compter les ratés. Mais tous les témoignages vont dans le même sens : ce n'est pas marginal. « Personne n'a le temps de vérifier si les animaux sont correctement étourdis, souffle Jean-Luc. Si on voulait bien faire les choses, il faudrait créer un poste en plus sur les chaînes d'abattage, uniquement dédié à la vérification de la conscience. Mais ça ne sera jamais généralisé car, pour les industriels, un poste en plus, c'est une perte de temps, ça ralentit la cadence. Je l'ai vu pendant quinze ans : même quand le matériel d'étourdissement tombe en panne, les mises à mort continuent. Rien n'arrête la chaîne. »

Dans un abattoir plus qu'ailleurs, le temps, c'est de l'argent. Et les usines qui pratiquent l'abattage « rituel » n'échappent pas à la règle. En février 2012, Bruno Le Maire, le ministre de l'Agriculture de l'époque, affirmait que 14 % des animaux abattus en France l'étaient de façon rituelle. Un rapport confidentiel de 2011, réalisé par une dizaine d'experts et de hauts fonctionnaires du ministère de l'Agriculture, révèle qu'en réalité plus de la moitié des bovins, ovins et caprins seraient tués de cette manière en France. Au-delà de l'incertitude des chiffres, même avec une réglementation respectée à la lettre, ce mode de tuerie est extrêmement douloureux pour les animaux, puisqu'il ne comporte pas d'étourdissement préalable. La réalité est encore plus cruelle : « Souvent, le box rotatif censé immobiliser les animaux pour permettre au sacrificateur de les égorger n'est pas adapté ou fonctionne mal, se rappelle Jean-Luc. Les ouvriers suspendent donc directement les animaux à la chaîne, pleinement conscients, et les saignent ensuite pendant qu'ils se débattent. C'est ignoble et totalement illégal. »

Qu'il s'agisse de l'abattage classique ou rituel, le calvaire des animaux n'est pas toujours terminé après leur égorgement. Selon les experts du ministère de l'Agriculture, en abattage rituel, le temps de souffrances après égorgement va de 20 secondes à 6 minutes pour les bovins adultes, de 35 secondes à 11 minutes pour les veaux, et de 17 secondes à 5 minutes pour les moutons. Une mort douloureuse et – potentiellement – longue.

Côté abattage classique, ces souffrances post-saignée sont beaucoup moins fréquentes, puisque les animaux sont censés être étourdis, mais elles existent tout de même. Pendant ses quarante jours d'infiltration dans l'énorme abattoir de Bretagne, Geoffroy Le Guilcher a récolté bon nombre d'anecdotes rapportées par les ouvriers. Il raconte notamment la mésaventure d'une salariée qui, comme la plupart des femmes en abattoir, n'œuvre pas dans la zone de tuerie mais à la découpe des carcasses. « Ce jour-là, elle avait commencé à travailler sur un taureau hors gabarit, écrit Geoffroy. Une bête énorme. À son poste, l'ouvrière a devant elle un animal non seulement saigné depuis une paire de minutes, mais dont les quatre pattes ont déjà été coupées. D'un coup, le taureau se réveille d'entre les morts. Il se met à beugler avec une force inouïe. L'ouvrière a eu si peur qu'elle est descendue de son podium. Le chef [...] a été obligé d'aller chercher le matador à la tuerie afin d'envoyer lui-même plusieurs cartouches dans la tête du taureau. »

Les nerfs ? L'adrénaline ? Non. Temple Gardin, chercheuse au département des sciences animales de l'université d'État du Colorado, est une référence mondiale sur le comportement des bovins au moment de l'abattage. À en croire ses travaux, un clignement d'œil ou un pédalage des pattes n'indiquent pas forcément un état de conscience. En revanche, un animal qui émet un cri ou qui essaye de relever la tête quand on lui plante le couteau dans le cou est bien conscient. Le beuglement du taureau démembré est un signe incontestable de reprise de conscience. Comment un bovin égorgé et sans pattes peut-il revenir à la vie ? Les vétérinaires connaissent la réponse. Ce taureau a probablement été victime d'un « faux anévrisme » au moment de la saignée. « On n'en connaît pas la cause exacte, précise Geoffroy, peut-être est-ce un renflement excessif des parois des artères, peut-être est-ce la formation de caillots, toujours est-il que le sang s'arrête souvent de couler. » L'animal a beau être bien étourdi et correctement égorgé, il ne perd pas tout son sang. Il ne meurt pas. Ce phénomène concernerait environ 16 % des vaches et 25 % des veaux selon un rapport de l'Inra commandé par le ministère de l'Agriculture. Lorsqu'ils sont victimes de ces « faux anévrismes », les bovins peuvent agoniser pendant quatorze minutes. Un temps suffisamment long pour qu'ils puissent se réveiller alors qu'ils sont déjà en train d'être découpés…

« Moi, ce qui m'a vraiment fait disjoncter, ce sont les vaches gestantes. » Mauricio ouvre grand ses yeux. Il n'oubliera jamais ces images. « J'étais à un poste où il fallait ouvrir le ventre de la vache qui venait d'être tuée pour la vider. Tu ouvres avec le couteau, tu arraches les tripes et tu balances tout dans un bac. Un jour, j'ai trouvé un truc que je ne connaissais pas à l'intérieur de la vache. Je me suis dit : Putain mais c'est quoi, ça ? C'était un fœtus. La vache était pleine. Je n'en croyais pas mes yeux, on abattait des vaches pleines ! J'ai appelé mon chef et je lui ai dit : "C'est quoi ça ?" Il m'a répondu que c'était normal, que je ne devais pas m'inquiéter et que j'avais juste à jeter le fœtus dans le bac, avec les tripes. Il y avait des fœtus à peine formés, mais il y avait aussi des veaux sur le point de naître ! Les vaches arrivaient à mon poste suspendues par une patte arrière. Elles étaient déjà saignées et décapitées. Mais, parfois, le veau, lui, était toujours vivant à l'intérieur du ventre. Je le voyais bouger, il essayait de sortir. Et tu sais ce qu'on nous disait ? D'attendre un peu avant d'ouvrir la vache, pour que le veau se noie dans le liquide amniotique. C'est là que j'ai su que l'abattoir, c'était terminé pour moi. Je n'en pouvais plus. J'ai décidé de prendre des photos et des vidéos et de les envoyer à L214. »

La publication des images fait grand bruit à l'époque. Néanmoins, trois ans plus tard, l'abattage des vaches gestantes est toujours autorisé en France.

« Oui, mais moi, je ne mange que de la bonne viande, du bio ! J'en prends uniquement chez le boucher ou chez des petits producteurs. » Cette phrase, je l'entends souvent quand je parle des conditions d'abattage des animaux. Mon cercle de connaissances comprend beaucoup de consommateurs responsables et exigeants, qui ne souhaitent pas acheter des produits à bas coût issus de l'élevage intensif. Le label bio garantissant des conditions d'élevage légèrement plus agréables, la plupart des gens pensent que c'est également le cas pour l'abattage. Il n'en est rien. Les animaux issus du bio ou du petit producteur du coin sont tués dans les mêmes usines et globalement dans les mêmes conditions que les autres.

Le passage à l'abattoir est obligatoire, quel que soit le mode d'élevage. Interdiction de tuer ses bêtes à la ferme. La seule différence notable pour les animaux venant du bio concerne le transport : ils ne peuvent pas voyager plus d'une journée pour aller vers le site de tuerie, il est interdit d'utiliser des calmants pour les apaiser pendant la route, et les ouvriers n'ont pas le droit d'utiliser des décharges électriques pour les faire descendre du camion à l'arrivée. La traçabilité de la viande est également plus stricte. Les animaux de la filière bio doivent être parqués dans un espace de l'abattoir qui leur est réservé et ne doivent pas être mélangés avec les autres. Les instruments de la chaîne doivent tous être nettoyés quand les ouvriers passent à « l'abattage bio ». Mais, sur la tuerie en elle-même, aucune différence. Comme les autres animaux, les vaches, cochons, poulets ou moutons élevés en bio sont censés être étourdis avant la saignée. Comme les autres, ils subissent de nombreux ratés. Comme les autres, ils sont victimes de maltraitances, du manque d'équipements et de la cadence infernale. Les vidéos que l'association L214 tourne dans les abattoirs certifiés bio sont d'ailleurs parmi les plus horribles. Je me souviens de l'enquête sur l'usine de Mauléon-Licharre (Pyrénées-Atlantiques), révélée en mars 2016. Si vous en avez le courage, faite une pause dans votre lecture, et allez visionner la vidéo sur Internet, vous la trouverez facilement. J'avais eu le ventre noué en regardant ces images d'agneaux et de veaux suspendus pleinement conscients avant d'être saignés. Les employés les frappaient sur la tête pour essayer de les assommer, sans succès. Un agneau était même écartelé vivant à cause d'un crochet mal positionné. Même horreur à l'abattoir certifié bio du Vigan, dans le Gard. C'est encore L214 qui révéla les tortures subies. Un employé fut condamné en avril 2017 à huit mois de prison avec sursis et 2 000 euros d'amende pour « sévices graves et actes de cruauté ». Dans la vidéo, on le voyait notamment frapper les animaux et appliquer sans nécessité la pince électrique sur le museau de brebis. En matière d'abattage, acheter de la viande locale et bio ne change strictement rien. Ces animaux ont sans doute eu une vie moins abominable que les autres, mais ils finissent dans le même film d'horreur.

C'est pour cela que Stéphane Dinard a décidé de devenir un délinquant. La cinquantaine, mince, grand, boucle d'oreille et cheveux gris noués en chignon, cet éleveur vit et travaille à Eygurande-et-Gardedeuil, un petit village de Dordogne situé à une heure de Bordeaux. Je suis allé chez lui en septembre 2018, pour un reportage. Stéphane a des cochons, des oies, des poules et des bovins. Ici, on est à l'opposé de l'élevage intensif. Les animaux ne sont pas nombreux – quelques dizaines par espèce – et vivent tous en plein air, dans de grands espaces. Les volailles se baladent librement dans la nature autour de la maison, où vivent toujours les parents de Stéphane. « Elles ne s'enfuient jamais, me dit-il en souriant. Elles savent qui leur donne à manger ! » Ce jour-là, il fait beau. Les vaches sont allongées dans l'herbe et nous regardent avec intérêt. Ce sont des dexters, une race irlandaise. Silhouette rustique, pelage noir, cornes imposantes ; ces bovins sont moins gros et plus résistants que ceux que l'on trouve dans les élevages industriels.

Les cochons, eux, vivent sous les chênes dans le bois que Stéphane a hérité de ses grands-parents. L'éleveur passe la barrière et les appelle. Les porcs accourent, comme des chiens sifflés par leur maître. « Ça se domestique très bien, les cochons, assure Stéphane. Ils peuvent même finir dans le salon, sur le canapé, ça ne les dérangerait pas. » Les animaux se prélassent dans la terre sèche, se grattent contre les arbres, fouinent le sol, cherchent des glands et explorent leur environnement. Le parcours mis à leur disposition est immense. Un cadre de vie idéal. Les porcs, nourris à 100 % avec de la nourriture issue de l'agriculture biologique, semblent en parfaite santé et viennent nous renifler, intrigués par la présence d'inconnus. Ils ont dix-huit mois. En élevage intensif, ils seraient déjà morts depuis longtemps. Ici, ils arrivent tout juste à l'âge d'être tués. Mais ils n'iront pas à l'abattoir. Stéphane refuse. « Je n'ai pas envie de gâcher en quelques heures le travail d'élevage de dix-huit mois, m'explique-t-il. Je ne veux pas qu'ils soient abattus dans des conditions que je ne maîtrise pas, alors que j'ai tout fait pour qu'ils aient une vie agréable. »

Stéphane a donc décidé de tuer ses animaux lui-même, ce qui est illégal. Pendant plusieurs années, il a réussi à le faire discrètement, mais les services vétérinaires ont fini par le savoir. Désormais visé par une procédure, il encourt jusqu'à six mois de prison ferme et 15 000 euros d'amende. Malgré ces risques, Stéphane ne compte pas dévier de ses principes et continuera à abattre ses cochons lui-même. Comment procède-t-il ? « La veille de l'abattage, je viens garer le tracteur près du parcours, pour que les porcs ne soient pas effrayés par sa présence. Puis, le matin, je monte sur le tracteur avec un fusil, et j'attends que les animaux s'approchent. Le premier qui vient, je lui mets une balle entre les deux yeux. Il meurt sur le coup, par surprise et sans souffrance. Ensuite, je l'amène dans une petite salle que j'ai aménagée, pour le dépecer et le découper avec l'aide d'un professionnel. »

Vous ne trouverez pas la viande de Stéphane dans les supermarchés ou en boucherie. Il ne fait que de la vente directe. « Évidemment, ce n'est pas agréable de tuer ses animaux, souffle-t-il. Mais il faut bien le faire, c'est la finalité de l'élevage. Au moins, je maîtrise tout, de leur naissance à leur mort. Je suis sûr qu'ils sont bien traités et qu'ils n'ont pas peur. Ces cochons, qui ont passé leur vie ici, dans la nature, ne comprendraient pas que j'essaye de les charger dans un corridor puis dans une bétaillère pour les envoyer à l'abattoir. Ce serait un facteur de stress intense pour eux. »

En effet, l'enfer de l'abattoir commence bien avant l'abattage en lui-même. Quand les animaux que nous tuons pour leur chair arrivent dans une usine où leurs semblables sont massacrés, ils le sentent. « Je ne supportais pas de voir les bêtes vivantes, parce qu'on voit leurs regards de détresse, se rappelle Mauricio. Dès que les vaches descendent du camion, elles paniquent. Je ne sais pas si c'est l'odeur, les cris ou autre, mais elles paniquent. Aucun animal n'avance de son plein gré dans le couloir qui mène au box d'étourdissement. Et quand le mec chargé du matador se loupe, que la vache commence à mugir, c'est la panique totale. Les animaux essayent de se barrer par tous les moyens. J'ai vu des génisses s'échapper du box d'étourdissement et courir le long de la chaîne. » Les histoires de bovins qui fuient des abattoirs sont fréquentes. Dans tous les cas, elles finissent mal. Les vaches ne s'en sortent jamais. Abattues par leurs propriétaires ou par les gendarmes après quelques heures de cavale, ou ramenées sur la chaîne pour être tuées.

Beaucoup d'habitués des abattoirs décrivent la même chose : le plus dur à supporter n'est pas la mise à mort en elle-même, mais l'attente des animaux, quand ils sont encore vivants pour quelques heures. Les carnets de Jean-Luc Daub sont remplis de ces scènes. Il en raconte plusieurs dans son livre, dont celle-ci, ayant eu lieu dans un abattoir de Lorraine. « Dans un box, un cochon et un mouton étaient ensemble, écrit-il. On voyait qu'ils se connaissaient et qu'ils avaient grandi ensemble. Le mouton était apeuré, il se blottissait contre le cochon. Ce dernier prenait son rôle de protecteur à cœur. C'est tout juste s'il ne gonflait pas sa poitrine pour impressionner quiconque tentait d'approcher. L'image était belle et faisait en même temps pitié. Puis un employé est venu chercher le cochon. Ce dernier ne voulait pas sortir du box. Le mouton était paniqué. L'employé s'est équipé d'une planche avec laquelle il poussait le cochon vers l'extérieur, l'empêchant de reculer. Le mouton, qui voulait le suivre, dut rester en retrait, dans le box. Une fois dans le couloir, le cochon commença à être pris de panique, il hurlait de toutes ses forces. Le mouton courait dans tous les sens et se cognait contre les parois du box pour tenter de sortir. […] Dans le local d'abattage, le cochon cherchait à fuir par la porte fermée. Mais l'employé s'étant saisi de la pince électrique lui donna un coup entre les oreilles et le cochon s'évanouit. Puis, à l'aide d'une chaîne, le tueur lui attacha une patte arrière et le suspendit. Il le saigna à la gorge. Dans la bouverie, on entendait le mouton qui bêlait d'affolement, désormais seul et complètement paniqué. »

Avant d'arriver à l'abattoir, les animaux passent souvent de longues heures entassés dans des camions. Vous avez sûrement déjà croisé ces véhicules sur l'autoroute ou les nationales. La plupart du temps, les bêtes n'ont ni à boire ni à manger, et arrivent épuisées, affamées et assoiffées. Jean-Luc se souvient de veaux qu'il a vus débarquer dans un abattoir alsacien. Les animaux venaient du Cantal et avaient été chargés la veille. Ils pataugeaient dans leurs excréments et leur descente du camion fut très violente. À l'intérieur de la remorque, un employé muni d'un bâton électrique les poussait vers l'extérieur. Les veaux tombaient, se marchaient dessus. « Dans le couloir de stabulation, les veaux coincés refusaient d'avancer, écrit Jean-Luc. L'employé […] leur envoyait des décharges sur le mufle, dans la gueule, dans les oreilles, ou même dans les yeux, pour les faire bouger. On pouvait les entendre meugler sous les coups de piles électriques. » Dans leur enclos, les veaux n'avaient pas d'abreuvoir. Ils étaient tellement assoiffés qu'ils léchaient les barrières, et ils durent attendre deux heures ainsi avant d'être envoyés à la mort.

Certains animaux sont plus atteints que d'autres par le transport. Parfois, ils sont tellement affaiblis qu'ils ne peuvent même plus se tenir sur leurs pattes. Dans ces situations, la loi impose un abattage d'urgence. L'animal doit être tué immédiatement, dans le camion ou dans l'enclos de stabulation, pour lui éviter des souffrances supplémentaires. Mais sa carcasse n'est alors plus apte à la consommation. Une perte d'argent pour l'abattoir. Résultat : la réglementation est rarement respectée, et les mourants agonisent souvent pendant des heures. « En théorie, ils doivent être abattus en priorité, c'est le principe de l'abattage d'urgence, m'explique Jean-Luc. Mais comme ce sont des animaux qui ne rapporteront pas un centime, tout le monde s'en fout, et ils passent en dernier. »

La loi interdit aussi le transport des femelles sur le point de mettre bas. Pourtant, encore une fois, l'industrie de la viande passe outre la réglementation. Jean-Luc a vu des truies donner naissance à l'abattoir juste avant d'être égorgées. Les porcelets sont soit écrasés par leurs congénères entassés dans l'enclos, soit saignés par les employés et jetés à la benne. « Triste naissance, triste fin », résume Jean-Luc.

On peut se demander légitimement pourquoi les services vétérinaires n'interviennent pas pour faire appliquer la réglementation et limiter autant que possible le stress et la douleur des animaux. Leur présence est obligatoire dans tous les abattoirs et leur mission est double : s'assurer du respect des règles d'hygiène et de la salubrité de la viande ; faire respecter la loi en matière de bien-être animal.

Voilà pour la théorie. En pratique, les services vétérinaires se concentrent sur le premier point, le plus sensible, car il concerne la santé des consommateurs. La protection animale est régulièrement délaissée. « La hiérarchie et l'administration demandent aux services vétérinaires de ne pas faire de vagues, assure Jean-Luc, qui les a côtoyés au quotidien pendant quinze ans. Ils pourraient faire fermer l'abattoir pendant quelques jours quand les animaux sont maltraités ou mal abattus, c'est permis dans les textes. Mais si l'employé des services vétérinaires fait ça, crois-moi, il ne rentre pas chez lui tranquillement après. Il y a un énorme enjeu économique et donc de vraies pressions de l'industrie. La règle officieuse, c'est "pas vu, pas pris". Tant qu'il n'y a pas de fuites, de photos ou de vidéos, ça continue. Moi, je signalais plein de trucs aux services vétérinaires pendant mes visites, mais ils ne bougeaient pas. Une fois, je les avais appelés pour des moutons assoiffés. Ils attendaient d'être tués dans un enclos en plein soleil et n'en pouvaient plus. J'avais demandé qu'on donne de l'eau à ces pauvres bêtes. Le gars m'avait répondu : "Je ne vais pas me déplacer pour trois moutons." »

Il arrive que les services vétérinaires fassent bien leur travail et signalent les non-conformités des abattoirs. Mais l'inertie du secteur est telle que leurs recommandations sont rarement mises en œuvre. Au moment où j'écris ces lignes, L214 publie une nouvelle vidéo tournée dans l'abattoir certifié bio de Boischaut, dans l'Indre. On y découvre encore une fois des pratiques cruelles et un non-respect de la réglementation en matière d'étourdissement et de saignée. Les images ont été tournées fin août et début septembre 2018. Pourtant, les infractions commises dans cet établissement avaient déjà été identifiées par les services vétérinaires dans un rapport datant de 2016. En deux ans, rien n'a changé.

Voilà ce qui se passe tous les jours dans les abattoirs de notre pays. La réglementation imposant une mise à mort indolore pour les animaux et une limitation de leur stress est rarement respectée. Et ce n'est pas la faute des ouvriers. Bien sûr, il y a quelques sadiques qui prennent plaisir à martyriser les animaux. Mais l'écrasante majorité d'entre eux fait de son mieux, en essayant de survivre soit à une cadence infernale, soit à des équipements non adaptés. Dans ce monde violent où les animaux sont considérés comme des objets, leur bien-être est la dernière des préoccupations. « Les gens qui bossent là-dedans se disent : De toute façon, ces bêtes vont mourir, donc pourquoi s'inquiéter de leur sort ? » souffle Jean-Luc Daub.

On peut comprendre que les ouvriers d'abattoir aient d'autres priorités que le bien-être animal. Ces femmes et ces hommes ont probablement le travail le plus difficile du monde moderne. Tuer des êtres vivants cinq jours sur sept. Découper des corps encore chauds. Le sang, les excréments, les cris, la panique. Mauricio se souvient de sa descente aux enfers. « Il ne faut jamais flancher, ne surtout pas montrer que tu doutes ou que tu souffres, me dit-il. Combien de fois ai-je entendu des chefs me dire : "T'es un homme ou t'es un pédé ?" Pour survivre là-dedans, il faut se blinder, faire comme si tu étais insensible. Au bout de quelques années, tout le monde devient taré dans un abattoir. Tu es dans un autre monde, tu ne te rends plus compte de ce qui est normal ou pas. Avec mes collègues, on faisait des selfies au milieu des carcasses, tout sourire. Dans la chambre froide, je mettais ma tête au milieu des côtes des vaches dépecées et je demandais à un autre de me prendre en photo. Ça nous faisait marrer. C'est interdit, bien sûr, mais on n'en avait rien à foutre. »

Une journée à l'abattoir commence en général tôt le matin, parfois avant 5 heures. Les usines de mort sont les dernières à être aussi peu mécanisées. L'essentiel du travail s'effectue à la main, au couteau ou à l'aide d'autres instruments. Les gestes sont répétitifs. Cadence élevée, pauses rares. Le corps souffre autant que l'esprit. Après vingt-quatre heures d'infiltration dans l'abattoir breton, Geoffroy Le Guilcher était déjà à bout. « J'avais mal partout, au dos, aux mains, aux épaules, aux bras, se souvient-il. C'est un boulot qui te flingue le corps. Les ouvriers qui sont là depuis longtemps ont un physique hors norme. Des mains et des avant-bras énormes. Mais tout le monde, je dis bien tout le monde, a des problèmes de santé. »

En 1994, une étude réalisée par le ministère du Travail affirmait ceci : « Les salariés de la filière viande sont exposés aux conditions de travail physiquement les plus astreignantes, contraintes articulaires et posturales, bruit, froid ou humidité, agents biologiques, ainsi qu'aux contraintes organisationnelles les plus fortes. » Plus récemment, en 2004, les caisses bretonnes de la Mutualité sociale agricole (MSA) commandent un rapport intitulé « Santé et travail dans l'industrie de la viande ». Menée auprès de 3 000 ouvriers d'abattoir, l'enquête révèle que 89 % des hommes et 92 % des femmes travaillant dans ces usines ont souffert d'un trouble musculosquelettique dans les douze derniers mois. Tendinite, lombalgie, canal carpien... les salariés sont rapidement brisés physiquement. « Tous les jours, quelqu'un manque à l'appel, assure Mauricio. C'est pour ça qu'ils ont tout le temps besoin d'intérimaires, pour pallier les arrêts maladie des permanents. Mais les intérimaires, la plupart, ils ne tiennent pas une semaine... » Un des collègues de Geoffroy a trouvé la bonne formule pour lui résumer la situation : « T'es fossoyeur, tu te mets à côté d'un champ de bataille. T'es kiné, tu te mets à côté d'un abattoir. »

Malgré ces évidents problèmes sanitaires, les directions des établissements font tout pour que le caractère professionnel des troubles de santé ne soit pas reconnu. En effet, comme n'importe quel employeur, les abattoirs payent des cotisations en fonction du nombre de maladies professionnelles qu'ils génèrent et d'accidents dont ils sont responsables. « Et les accidents, crois-moi, c'est toutes les semaines, assure Mauricio. Le plus fréquent, comme on manipule les couteaux à longueur de journée, ce sont les coupures. »

Dans le rapport de 2004, les caisses bretonnes de la MSA critiquaient les méthodes managériales mises en place par les encadrants des abattoirs. Ces dernières « introduiraient des rivalités, des inégalités de traitement et des compétitions chiffrées de rendement entre équipes de travail ». À l'époque, selon Geoffroy, ce rapport est enterré. Les gros abattoirs bretons auraient menacé de se retirer de la MSA en cas de publication.

Pour tenir dans cet environnement impitoyable qui met les corps et les âmes à rude épreuve, beaucoup d'ouvriers consomment à forte dose des médicaments antidouleurs, de l'alcool ou des drogues dures. « Pendant les pauses, je prenais de la cocaïne avec certains de mes collègues, me confie

Mauricio. Une trace à 8 heures, une autre à 10 h 30. Ça nous aidait à tenir, à ne plus sentir la douleur et la fatigue. »

Geoffroy confirme. Dans l'abattoir breton, la plupart de ses camarades buvaient ou se droguaient. Comment des salariés qui tentent de survivre dans un tel enfer pourraient-ils faire attention aux animaux ? D'ailleurs, la frontière entre animal et humain peut parfois se brouiller. Mauricio se souvient du matin où il a failli tuer son supérieur. « J'étais à la triperie, il était 6 heures. Au milieu des boyaux et des organes, je n'en pouvais plus. Là, un chef m'a gueulé dessus parce que je n'allais pas assez vite. Il m'a dit : "Petite nature, t'es pas capable de faire le boulot correctement." Puis il m'a touché l'épaule un peu violemment. C'est à ce moment-là que j'ai pété un câble. Je suis retourné à mon poste, j'ai pris mon plus grand couteau, et j'ai avancé vers lui en gueulant : "Vas-y, touche-moi encore, touche-moi, fils de pute." Quelqu'un a éloigné le chef. J'ai pris mes affaires et je me suis barré. Putain, t'imagine, j'ai failli buter un mec ! »

Les animaux ne sont pas les seules victimes des abattoirs. Les êtres humains qui y travaillent en sortent rarement indemnes. Jean-Luc a laissé beaucoup de lui dans ces lieux de mort, qu'il a arpentés pendant quinze ans. Au téléphone, sa voix se serre. « Tu sais, Hugo, on ne s'habitue jamais. Je me suis forgé une carapace car je devais être objectif, me contenter de vérifier si la réglementation était respectée. Mais j'ai beaucoup souffert, j'étais seul au monde. Je rentrais le soir et je m'effondrais, je pleurais toutes les larmes de mon corps. J'ai vécu une impuissance totale à aider les animaux, à faire avancer les choses. Quand j'ai commencé à visiter les abattoirs, en 1993, ça n'intéressait personne. Il y avait très peu de végétariens et pas de mouvement végan organisé comme aujourd'hui. La société s'en fichait totalement, de la manière dont on traitait les animaux. Je me sentais comme un soldat qui revient d'une guerre et que personne n'écoute. Au fil des années, j'ai développé un syndrome de stress post-traumatique, et j'ai même été en psychiatrie quelque temps... » Aujourd'hui, Jean-Luc va mieux. Le sujet est désormais sur la place publique. Beaucoup de gens se posent des questions, beaucoup de gens l'écoutent. Il a repris espoir et ouvert un refuge en Alsace dans lequel il recueille quelques animaux sauvés de l'élevage intensif et d'une mort certaine. C'est grâce à Jean-Luc et aux autres pionniers de la cause animale – qui ont sacrifié une partie de leur vie pour attirer notre attention – que j'écris ces lignes aujourd'hui.

Le député Olivier Falorni, lui, n'est pas encore végétarien, mais il mange de moins en moins de viande. « Les visites menées avec la commission d'enquête ont accéléré les choses, me dit-il. Ces images me reviennent souvent. La réalité est plus dure que ce que j'avais imaginé. » À la fin de sa mission, il avait fait plusieurs recommandations au gouvernement, dont la mise en place de la vidéosurveillance dans les abattoirs, pour limiter les cas de maltraitance. C'était également une promesse de campagne d'Emmanuel Macron avant l'élection présidentielle d'avril 2017. Mais finalement, en mai 2018, l'Assemblée nationale rejette la vidéosurveillance obligatoire et se contente de proposer une expérimentation dans les abattoirs volontaires. Position dérisoire compte tenu de ce que l'on sait désormais. « La majorité a complètement plié face au lobby de la viande, assène Olivier Falorni. Pendant la campagne, Emmanuel Macron avait gagné des voix en s'engageant sur deux sujets : la vidéosurveillance obligatoire et la fin de l'élevage en cages. Il a renié ces deux promesses. Le rapporteur du projet de loi, Jean-Baptiste Moreau, député En Marche !, disait juste après son élection que la vidéosurveillance serait nécessaire pour réconcilier le consommateur avec la viande. Et puis, arrivé dans l'hémicycle, il s'y est opposé. Je ne l'explique pas, je ne le comprends pas. »

Dans mon salon, Olivier finit son verre d'eau. Il se lève, s'apprête à me saluer. En lui serrant la main, je lui pose une dernière question : que dirait-il à mes amis qui veulent continuer à manger de la viande, mais de manière éthique ? Il prend quelques secondes pour réfléchir, puis se lance : « Aujourd'hui, il est impossible d'affirmer à quelqu'un qui mange de la viande régulièrement que l'animal qu'il consomme a été tué dans des conditions respectueuses. »

Après avoir lu tout cela, certains m'objecteront malgré tout qu'il est possible de consommer des produits carnés tout en combattant la souffrance animale. Qu'on peut apprécier une belle entrecôte de chez le boucher ou un Big Mac chez McDonald's de temps à autre et condamner parallèlement les pratiques de l'élevage intensif et des abattoirs. Beaucoup le pensent de bonne foi. Mais le philosophe Peter Singer apporte une réponse implacable à ce raisonnement : « Ceux qui tirent profit de l'exploitation de nombreux animaux n'ont pas besoin de notre approbation. Ils ont besoin de notre argent. L'achat du cadavre des animaux qu'ils élèvent représente la principale forme de soutien que les éleveurs industriels demandent au public. Ils emploieront les méthodes intensives aussi longtemps qu'ils pourront en vendre les produits ; ils auront les ressources qui leur permettront de s'opposer à la réforme au niveau politique ; et ils seront en position de se défendre contre la critique en répondant qu'ils ne font que fournir au public ce qu'il leur demande. De là, la nécessité pour chacun d'entre nous de cesser d'acheter les produits de l'élevage moderne, même si nous ne sommes pas convaincus qu'il serait mal de manger des animaux qui auraient vécu des vies agréables et qui seraient morts sans douleur. [...] Tant que nous ne boycottons pas la viande, ainsi que tous les autres produits de l'élevage industriel, chacun de nous, individuellement, contribue à la perpétuation, à la prospérité et à la croissance de l'élevage industriel et de toutes les autres pratiques cruelles qui sont utilisées pour élever les animaux pour la nourriture. »

Je me sens particulièrement concerné par ce texte de Peter Singer. En effet, je ne suis pas fondamentalement opposé au fait de tuer pour manger. Aujourd'hui encore, certains peuples dépendent de la chasse et de la pêche pour survivre. Je ne me reconnais donc pas dans le discours de certains militants radicaux qui considèrent qu'abattre un animal est un crime aussi grave que le meurtre d'un humain. Moi-même, si j'habitais à la campagne, que j'élevais des poules et que, au terme d'une vie agréable de plusieurs années, je pouvais les tuer d'un coup sec, sans les faire souffrir une seule seconde, peut-être le ferais-je. Je dis bien peut-être, car je n'ai jamais été confronté à une telle situation et il me serait sans doute difficile d'abattre une volaille à laquelle je me serais attaché. Égorger un porc ou une vache, qui sont des mammifères – beaucoup plus proches de nous et imposants –, je n'y arriverais pas. C'est certain. À moins que je ne sois en train de mourir de faim, au sens propre. Mais, au-delà de l'émotion, dans un pays riche, est-il acceptable de tuer sans souffrance un animal qui a eu une vie naturelle et libre pour le manger ? Je n'ai pas d'avis tranché sur la question. De toute façon, aujourd'hui, elle ne se pose pas. En 2019, en France et dans le monde occidental, manger de la chair animale régulièrement implique de consommer de la viande issue de l'élevage et/ou de l'abattage industriels. Impossible de faire autrement, même si l'on est aisé financièrement, attentif et précautionneux. Certes, en cherchant bien et en y mettant le prix, vous trouverez des produits issus d'exploitations artisanales. Mais vous n'aurez aucun moyen de savoir dans quelles conditions les animaux ont été tués. Dès lors, le plus simple et le plus efficace pour combattre l'industrie de la viande, c'est d'arrêter d'en acheter. C'est à cette conclusion que je suis arrivé. Et c'est pourquoi j'essaye de ne plus donner un seul centime à des entreprises qui font du profit en imposant une vie et une mort misérables à des milliards d'êtres vivants. Une omelette ou un fromage mangés de temps à autre m'empêchent de vous dire que j'y parviens à 100 %. L'essentiel est que ces contradictions entre mes principes et mes pratiques ne sont plus quotidiennes. Elles sont devenues des exceptions. Un pas minuscule pour la cause animale, un grand pas pour le carnivore que j'étais.

VACHES

_ Environ 300 millions abattues chaque année

_ Systématiquement séparées de leurs veaux à la naissance

_ Les vaches laitières qui ne produisent plus assez sont envoyées à l'abattoir

Disposent de capacités métacognitives : elles sont contentes de résoudre un problème

•

Sont capables d'anticiper un événement en fonction de leur expérience

•

Lien très fort avec leur progéniture : mise en place de stratégies pour la protéger

•

Reconnaissent les humains qui sont gentils avec elles et se détournent de ceux qui leur font du mal

PORCS

_ 1,4 milliard tués chaque année

_ 95 % sont élevés en bâtiments sans accès à l'extérieur

_ Abattus entre 120 et 180 jours (espérance de vie : 15 à 20 ans)

Ont conscience d'eux-mêmes
Ils savent utiliser un miroir pour trouver de la nourriture

•

Capacités cognitives
très développées, excellents sur ordinateur

•

Font preuve d'empathie
envers les humains s'ils sont traités comme des animaux de compagnie

•

Intelligence machiavélienne :
ils élaborent des stratégies pour manipuler et tromper leurs congénères

VOLAILLES

_ 55 milliards tuées chaque année

_ 83 % des poulets français proviennent d'élevages intensifs

_ Abattus pour la plupart avant 40 jours (espérance de vie : 10 ans)

Éprouvent des émotions comparables à celles des hommes, comme le deuil, la peur ou la joie

•

Maîtrisent les bases de l'arithmétique, de la physique ou de la géométrie dès la naissance, plus rapidement que les bébés humains

•

Peuvent mémoriser jusqu'à cent visages de leurs congénères, et s'en souvenir même après une longue séparation

•

Disposent d'un langage sophistiqué leur permettant d'échanger de nombreuses informations

MOUTONS

_ Environ 500 millions tués chaque année

_ Subissent pour beaucoup l'abattage rituel, sans étourdissement

Caractères individuels très marqués, ne suivent pas bêtement le troupeau

•

Excellente mémoire, ils se souviennent de leurs congénères disparus pendant plusieurs années

•

Capables de se réconcilier après une dispute

•

Reconnaissent et mémorisent les visages humains

POISSONS

_ Entre 1 000 et 2 500 milliards tués chaque année

_ Subissent, en outre, le *bycatch* – les prises involontaires : 35 % des poissons pêchés sont rejetés, morts ou agonisants, dans les océans

_ 86 % des poissons vendus en supermarché proviennent de la surpêche

Ressentent la douleur d'une manière similaire aux mammifères

•

Disposent d'une impressionnante mémoire à long terme

•

Capables de collaborer avec d'autres espèces et d'utiliser des outils

7.
MASSACRE EN HAUTE MER

C'est une tuerie massive, continue et silencieuse. Loin des villes et des campagnes, loin des yeux, loin de l'objectif des caméras de L214. Chaque seconde, plusieurs dizaines de milliers de poissons sont « prélevés », comme disent les professionnels. Pendant que vous lisez ces lignes, d'innombrables anchois, sardines, thons, saumons ou merlus sont en train d'étouffer dans des filets ou d'être éviscérés vivants à bord d'immenses bateaux-usines. Ce sont les animaux que l'être humain tue en plus grand nombre, sans se soucier une seule seconde de leur souffrance. Sans pouvoir chiffrer le désastre précisément, on peut avancer quelques estimations.

Selon l'Organisation des Nations unies pour l'alimentation et l'agriculture (FAO), l'humanité a consommé 167 millions de tonnes d'animaux marins en 2014, dont 93,4 millions issues de la pêche et 73,9 millions de l'élevage. Concentrons-nous sur les espèces de poissons les plus pêchées. En tonnage, c'est le colin d'Alaska qui se classe premier : 3,2 millions de tonnes prélevées en 2014, soit à peu près 4 milliards d'individus tués cette année-là. L'anchois péruvien arrive deuxième avec 3,1 millions de tonnes. Mais il ne pèse que 20 grammes en moyenne, quand le colin dépasse les 700 grammes. Si on part du principe que l'anchois est consommé intégralement, tête et queue comprises, environ 157 milliards d'individus ont donc été prélevés dans l'océan en 2014. Et, si on ajoute les anchois japonais et ceux de Norvège à leurs cousins péruviens, on arrive à 251 milliards d'anchois tués en un an. Une seule espèce, en une seule année ! Les estimations du nombre total de vertébrés marins pêchés par l'homme annuellement varient entre 1 000 milliards et plus de 2 500 milliards, soit 31 700 à 79 270 individus par seconde. Découvrir ces chiffres a été un choc pour moi. Quand je voyais mon père revenir de la pêche avec une dizaine de poissons, je n'imaginais pas que, pendant sa sortie en mer de quelques heures, des centaines de millions d'autres animaux marins avaient eux aussi été capturés et tués.

Après avoir complètement arrêté la viande, je n'avais pas encore pris conscience de ce massacre. Je pensais devoir compenser l'absence de steak ou d'entrecôte en mangeant plus de poisson. Il m'a fallu des mois pour me rendre à l'évidence : c'était incohérent et contre-productif. Car ces prélèvements massifs et destructeurs d'espèces marines sont au moins aussi graves que ce qui se passe dans les élevages industriels et les abattoirs. Pour moi, avant, la pêche, c'était simplement l'une des activités favorites de mon père. C'étaient ces passionnés passant des heures dans l'eau, avec un fusil harpon, ou au bord de la mer, une canne à pêche à la main, pour rentrer parfois bredouilles. C'étaient ces marins bretons bravant les tempêtes sur leur coquille de noix pour rapporter quelques dizaines de poissons frais. Ces gens existent, bien sûr. Mais la pêche, aujourd'hui, ce n'est plus ça. L'écrasante majorité des animaux marins que vous mangez proviennent d'une industrie où seules les plus grosses entreprises survivent.

Toujours selon la FAO, en 2014, le monde comptait 4,6 millions de bateaux de pêche, dont 3,5 millions en Asie. Les plus gros pêcheurs de la planète, et de loin, sont les Chinois. Ils prélèvent en mer 14,8 millions de tonnes d'animaux chaque année. Suivent les Indonésiens (6 millions de tonnes), les Américains (4,9 millions), les Russes (4 millions), les Japonais (3,6 millions) et les Péruviens (3,5 millions). La Norvège est le pays d'Europe occidentale le mieux classé, avec 2,3 millions de tonnes par an. La France, elle, est très loin derrière et ne figure même pas dans le top 25.

Ça, c'est pour la pêche. Mais, aujourd'hui dans le monde, nous consommons plus de poissons d'élevage que de poissons sauvages, selon la FAO. En moyenne, par an et par personne, 10,1 kilos d'animaux provenant de l'élevage, contre 9,9 kilos de poissons pêchés. En 1994, c'était l'inverse : à peine 6,5 kilos pour l'élevage et 10 kilos pour la pêche.

Alors, où sont élevés ces poissons et crustacés que nous mangeons aujourd'hui massivement ? Pas en France, ni en Occident de manière générale. 89 % viennent d'Asie, dont 61 % de Chine, contre 0,4 % pour l'Europe de l'Ouest, qui ne pèse quasiment rien. Chaque année, la France produit 204 000 tonnes d'animaux marins d'élevage. En Chine, c'est 45 469 000 tonnes : 222 fois plus. Par rapport au reste du monde, nous pêchons et nous élevons peu de poissons dans notre pays. En revanche, nous en mangeons énormément ; 33,4 kilos par an et par personne en 2015 selon FranceAgriMer. Pour répondre à la demande, il faut donc importer massivement. La France est le cinquième plus gros importateur de poisson dans le monde avec 5,2 milliards d'euros dépensés chaque année. Vos poissons préférés n'ont, pour la plupart, pas été pêchés ou élevés dans notre pays. Ils ont probablement parcouru des milliers de kilomètres après leur mort pour finir dans votre assiette. Les chiffres de FranceAgriMer sont sans appel. Le saumon ? 208 480 tonnes importées chaque année entre 2013 et 2015, contre seulement 1 520 tonnes produites en France (0,7 %). Part de l'élevage : 98 %. Soyons clairs, quand vous mangez du saumon, il s'agit d'un poisson d'élevage qui vient de loin. Le cabillaud ? 173 070 tonnes importées, 12 680 pêchées en France (7,3 %). Le thon, principalement en conserve ? 256 310 tonnes importées, 102 880 capturées par les navires français (40 %). Et les crevettes, dont on raffole ? 136 780 tonnes importées contre… 380 tonnes produites par notre pays (0,3 %). Part de l'élevage : 70 %. La quasi-totalité des crevettes que vous dégustez en apéritif avec de la mayonnaise, en salade, au restaurant ou en plats préparés, viennent d'Asie. Et la plupart ne sont pas des animaux sauvages.

Pourquoi je vous raconte tout ça ? Pour en finir définitivement avec le fantasme de la pêche artisanale que j'avais en tête encore récemment, comme vous peut-être aujourd'hui. Contrairement à ce que veulent nous faire croire les publicités de la grande distribution, l'écrasante majorité des poissons consommés en France et en Europe n'ont pas été fraîchement sortis de l'eau par les bateaux de nos petits ports de pêche. Oubliez la carte postale. Quand on mange du poisson régulièrement, en France, en 2019, on mange forcément du poisson issu de la pêche industrielle, majoritairement étrangère. Sauf si vous pêchez vous-même et que vous n'achetez jamais d'animaux marins en supermarché ou en poissonnerie.

L'industrie de la pêche est celle qui tue le plus d'êtres vivants sur notre planète. De très loin. Paradoxalement, elle n'est soumise à aucune législation sur le bien-être des animaux. Contrairement aux mammifères terrestres et aux volailles, aucune obligation d'assommer les poissons avant de les tuer. Pourtant, nous l'avons dit plus haut, les animaux marins souffrent autant que les autres et ressentent des émotions telles que la peur. Leurs modes de capture, principalement les filets, provoquent une mort longue et cruelle, par asphyxie ou éviscération. Et les poissons d'élevage ne sont pas mieux lotis, leurs conditions de vie étant particulièrement cruelles. Enfermés par milliers dans des petits bassins, les saumons sont régulièrement victimes d'épidémies de poux de mer. Ces parasites se développent à cause de la promiscuité, y compris dans les exploitations bio, et dévorent lentement les poissons. Ceux qui survivent partent à l'abattage. L'association CIWF a publié fin novembre 2018 une vidéo dénonçant des pratiques dignes d'un film d'horreur. On y découvre des poissons plongés dans un mélange d'eau et de glace, qui obstrue leurs branchies. L'agonie dure plusieurs dizaines de minutes. Certains animaux sont même empaquetés vivants dans des boîtes en polystyrène.

Dans les plus gros élevages français de truites, les poissons sont gazés dans un bain de CO_2, puis saignés, éventrés et découpés alors que – parfois – leur cœur bat encore[1].

---

1. Une vidéo de l'association L214 publiée le 30 novembre 2018 dévoile les conditions d'élevage et d'abattage dans plusieurs fermes de truites en France, appartenant au groupe Aqualande, leader du marché représentant 70 % de la production française de truites fumées.

Découvrir les souffrances que nous infligeons aux poissons devrait suffire pour ne plus les manger. Mais peu de monde s'inquiète du sort de ces êtres si différents de nous. Moi-même, je n'y prêtais aucune attention il y a encore quelques années. Il faut donc expliquer ce qu'est la pêche industrielle et dévoiler les désastres qu'elle provoque.

Dans le monde, selon la FAO, 85 % des navires de pêche mesurent moins de 12 mètres. Un grand nombre d'entre eux pratiquent seulement une pêche dite de subsistance. Ils ne vendent pas leurs prises et les réservent à leur famille ou communauté. Seuls 64 000 navires dépassent les 24 mètres. Parmi les poissons que vous consommez, beaucoup proviennent de ces quelques dizaines de milliers de bateaux. En Europe, 85 chalutiers dont 17 français dépassent les 85 mètres de longueur. Mais ce sont les Chinois qui possèdent les monstres les plus imposants. Parmi eux, le *Lafayette*, un ancien pétrolier de 229 mètres. Plus de 300 employés à bord et 7 bateaux moins gros qui l'entourent. Ces géants des mers sont des usines autonomes. Ils peuvent congeler des milliers de tonnes de poissons directement à bord, juste après les avoir pêchés. Si vous deviez ne retenir qu'un chiffre, le voici : dans le monde, 1 % des navires pêchent 50 % du poisson. Comment ces milliards d'animaux sont-ils capturés ? Principalement avec des immenses filets.

Trois techniques :

Le chalutage pélagique. Pour simplifier, le bateau tire un filet en forme de chaussette entre la surface et le milieu de la colonne d'eau. Poissons visés : le petit pélagique, notamment les sardines, anchois et harengs.

Le chalutage de fond. Le navire tire un filet, mais celui-ci est lesté. Objectif : racler le fond et ramasser les espèces qui s'y trouvent, dont le cabillaud et les poissons plats comme le turbot, la sole ou le flétan.

La senne. Là, le filet – la senne – n'est plus tiré par le chalutier, mais déployé pour encercler un banc de poissons évoluant près de la surface. Une fois les animaux piégés, la senne se referme par le bas et est remontée par des bras mécaniques sur le pont du navire. La plupart des thoniers utilisent cette technique. Pour prélever des quantités toujours plus importantes, les pêcheurs ont recours à des dispositifs de concentration de poissons (DCP). Généralement, il s'agit d'un petit radeau équipé d'une balise. Naturellement, les poissons se regroupent sous les objets flottants et vont donc se concentrer sous le radeau, avant d'être encerclés par la senne. Les plus grands filets mesurant jusqu'à deux kilomètres de circonférence, les thoniers senneurs peuvent remonter jusqu'à 300 tonnes de poissons en une seule fois.

D'autres méthodes n'incluant pas de filets sont utilisées par les navires de pêche. On peut citer la palangre, très pratiquée en Asie, qui consiste à mettre à l'eau des lignes de plusieurs kilomètres sur lesquelles sont accrochés des milliers d'hameçons. Ou la drague, un gros aspirateur qui suce le fond de la mer, notamment pour attraper les coquilles Saint-Jacques. Enfin, plus anecdotique, la pêche électrique qui, comme son nom l'indique, paralyse les poissons via des électrodes placées dans le filet. Dans certaines zones non réglementées ou en guerre, comme la Libye, se pratique également la pêche à la dynamite ou au cyanure. Ces méthodes contestées ou illégales ne fournissent qu'une infime partie du poisson consommé mondialement. Concentrons-nous sur les principales techniques de pêche utilisées par les industriels de la mer, qui approvisionnent massivement nos restaurants, supermarchés, marchés et poissonneries.

C'est grâce au chalutage et à la senne que les entreprises de pêche répondent à une demande qui ne cesse de croître. Selon la FAO, l'humanité mange de nos jours deux fois plus de poissons qu'il y a cinquante ans. Résultat : les stocks s'épuisent. Contrairement à l'industrie de la viande, qui abat les animaux qu'elle reproduit préalablement, la pêche industrielle détruit ses ressources. Les chiffres sont effrayants.

Aujourd'hui, dans le monde, 61 % des populations de poissons sont « pleinement exploitées », ce qui signifie qu'une hausse des captures menacerait l'espèce. Pire encore, 29 % des stocks mondiaux sont déjà considérés par la FAO comme « surexploités ». En Méditerranée et en mer Noire, ce chiffre grimperait même à 88 % selon l'Union européenne.

Les animaux victimes de cette surpêche se retrouvent sur nos étals. En décembre 2018, l'association UFC-Que choisir publie une enquête révélant que 86 % des cabillauds, soles et bars vendus dans les poissonneries des grandes surfaces françaises sont issus d'une pêche non durable. Un chiffre révoltant quand on sait que, dans notre pays, les trois quarts des achats de produits de la mer sont effectués dans la grande distribution.

Disons-le clairement : notre appétit pour le poisson est en train de vider les océans. Les populations d'espèces marines de la Terre ont décliné de 39 % ces quarante dernières années, selon le rapport « Planète vivante » de WWF (2014).

François Chartier, chargé de campagne océans à Greenpeace, tire la sonnette d'alarme depuis des années. Discuter avec lui dans les locaux de l'association, à Paris, à l'automne 2018, m'a fait prendre conscience de l'ampleur du problème. « Il y a de plus en plus de bateaux de pêche et ils sont de mieux en mieux équipés, me dit-il en buvant son café. Aujourd'hui, ce sont des machines de guerre bourrées de technologie qui vont chercher le poisson. Or, ça fait trente ans que l'humanité pêche environ cent millions de tonnes par an. Ça n'augmente pas, et il faut déployer des moyens toujours plus perfectionnés pour maintenir le niveau de capture. La raison est simple : on épuise la ressource. »

La mise en place de quotas de pêche drastiques a permis de sauver certaines espèces, comme le thon rouge, bien que sa survie soit encore précaire. Mais d'autres poissons menacés continuent d'être pêchés alors que leur population s'effondre. C'est le cas du thon obèse, consommé en sashimis ou vendu en conserves dans les grandes surfaces du monde entier. Selon un rapport scientifique de septembre 2018 commandé par la Commission internationale pour la conservation des thonidés de l'Atlantique, il ne reste que 20 % de la population mondiale de thon obèse. Les experts sont formels : si la pêche continue au même rythme qu'aujourd'hui, le stock de l'espèce s'effondrera d'ici dix à vingt ans. « Le problème, c'est qu'à un moment de leur cycle de croissance les prédateurs comme le thon sont la cible de leurs proies, explique François. Par exemple, les thons adultes mangent des sardines, mais les sardines mangent les œufs du thon. Donc, quand on surpêche le thon, on déstabilise l'écosystème et on enclenche un cercle infernal. Les sardines ont moins de prédateurs et mangent plus d'œufs de thons qui, du coup, sont de moins en moins nombreux, ce qui renforce encore les sardines au détriment des thons, et ainsi de suite jusqu'à ce que les thons disparaissent. Je me souviens d'un événement assez représentatif des effets de la surpêche. En 1992, la population de morues de Terre-Neuve, au Canada, s'est effondrée subitement. L'espèce a quasiment disparu d'un coup, les pêcheurs n'en trouvaient presque plus ! En fait, on a compris plus tard que c'était à cause des captures massives que subissaient les morues. Ces poissons sont des prédateurs, mais leurs œufs sont mangés par les homards. Or, à force de pêcher trop de morues, l'espèce ne pondait plus assez, et aucun œuf ne survivait aux homards. Le point de rupture a été atteint, et le stock a fondu d'un coup. Suite à cet effondrement, la pêche à la morue fut interdite à Terre-Neuve. Mais, vingt-six ans plus tard, l'espèce ne s'est toujours pas relevée et n'a pas retrouvé son niveau d'origine. »

En effectuant mes recherches et en rassemblant les chiffres, j'ai rencontré une incohérence. Comme je l'ai écrit précédemment, l'humanité pêche chaque année 93,4 millions de tonnes de poissons et en élève 73,9 millions de tonnes selon la FAO. Pourtant, selon cette même source, un être humain mange en moyenne 10,1 kilos de poissons d'élevage par an, contre 9,9 kilos de poissons pêchés. Je résume : nous capturons plus de poissons dans l'océan que nous en élevons, mais nous mangeons plus de poissons d'élevage. Comment est-ce possible ? Que deviennent les animaux pêchés que nous ne consommons pas ?

La réponse de François à cette question m'a franchement sidéré : « En fait, une partie du poisson pêché est ensuite transformée en nourriture pour les poissons d'élevage ou les volailles. » Oui, vous avez bien lu. Nous allons sur la mer avec des bateaux ultra-perfectionnés afin de capturer des millions d'individus en déstabilisant les écosystèmes. Puis nous les broyons et transformons en farine pour nourrir d'autres poissons et des poulets, enfermés dans des fermes aquatiques et des hangars. Aberrant, n'est-ce pas ? « Pour produire un kilo de farine de poisson, il faut quatre kilos d'animaux, précise François. Si un saumon d'élevage est nourri intégralement à la farine, comme c'est souvent le cas, il faut tuer cinq kilos de poissons sauvages pour produire un kilo de saumon. » J'adorais le saumon. En pavé ou en sushis, je devais en manger au moins trois fois par semaine. Je n'ose pas imaginer combien de poissons ont été tués pour répondre à ma demande. « Le thon rouge, c'est encore pire, ajoute François. Il est souvent attrapé vivant et engraissé ensuite pendant six ou sept mois. Durant cette courte période, chaque thon peut consommer jusqu'à quinze kilos de purée de poissons. » Rentable économiquement, absurde écologiquement. Et les poissons ne sont pas les seules victimes de ce système. Selon une étude publiée en décembre 2018 dans la revue scientifique *Current Biology*, la « pêche de farine » est aussi responsable d'une hécatombe chez les oiseaux marins, dont la population mondiale a chuté de 70 % depuis 1950. Pour faire simple, le chalutage massif des petits pélagiques destinés à devenir de la farine affame les oiseaux, dont les sternes et les manchots du Cap, qui se nourrissent exclusivement de poissons. « Le pillage des sardines, anchois ou sardinelles au large de l'Afrique de l'Ouest, par les navires de pêche minotière pour en faire des farines destinées à engraisser les saumons d'élevage ou les poulets, est désastreux pour l'environnement et les oiseaux marins, appuie dans le journal *Libération*, pour un article de Coralie

Schaub, David Grémillet, chercheur au CNRS, qui a participé à l'étude. Ces ressources devraient être utilisées pour nourrir les gens sur place, c'est une aberration d'en faire des farines de poissons. »

François m'a aussi alerté sur un autre fléau méconnu du grand public : les prises accessoires, le *bycatch*, en anglais. Ce terme désigne tous les animaux que les pêcheurs capturent non intentionnellement. Les navires ont beau cibler une espèce en particulier, leurs filets, eux, ne font pas dans le détail. Tous les êtres vivants plus gros que les mailles sont pris au piège et remontés à bord. Non commercialisables, ces animaux sont ensuite rejetés à la mer, la plupart du temps morts ou agonisants. Rien que pour la pêche au thon, 145 autres espèces sont tuées et balancées à l'eau : requins, espadons, dauphins, raies, tortues, poissons en tout genre… Selon la FAO, les animaux marins capturés accidentellement représentent 8 % du volume global des prises de pêches. Cela équivaut à plusieurs dizaines de milliards d'êtres vivants chaque année. D'autres organisations, moins neutres, avancent des chiffres encore plus alarmants. Le WWF estime ainsi que 40 % des poissons pêchés sont des prises accessoires. Et certaines pêcheries sont plus meurtrières que d'autres. « Le pire, c'est le chalutage des crevettes, assure François. Tout ce qui est plus gros qu'une crevette, c'est-à-dire presque tout, est pris dans les filets. » Selon un document de la FAO datant de 2009, la pêche aux crevettes représente 27 % des rejets mondiaux d'animaux en mer. « Le chalutage des crevettes est généralement considéré comme l'une des méthodes de pêche les moins sélectives puisque les prises accessoires peuvent être […] vingt fois plus élevées que les captures de crevettes, écrit l'organisation. Aucune autre méthode de pêche n'approche un tel niveau de rejets et de gaspillage des ressources marines. » Plus de 90 % des animaux ramenés à bord des chalutiers de crevettes sont rejetés morts ou agonisants à la mer. Conséquence : pour 500 grammes de crevettes sauvages achetées au supermarché ou en poissonnerie, au moins

10 kilos d'autres animaux marins ont été tués inutilement. Ce ratio est moins élevé pour les autres espèces que nous consommons, mais il reste très important.

Des milliards d'êtres vivants, non ciblés par les industriels, disparaissent en raison des prises accessoires, fléau collatéral. Les tortues, notamment, périssent massivement dans les filets. Selon les statistiques du WWF, environ 250 000 d'entre elles sont ainsi noyées chaque année par les navires de pêche. « Cet impact, combiné à celui d'autres activités humaines [...], a conduit à inscrire six des sept espèces de tortues marines existant dans le monde sur la Liste rouge 2003 des espèces menacées, établie par l'Union mondiale pour la nature, peut-on lire dans le document de la FAO. Parmi ces espèces, cinq figurent sur la liste des espèces en danger critique (risque d'extinction élevé dans la nature, à court terme), et une d'entre elles est inscrite sur la liste des espèces en voie de disparition (risque très élevé d'extinction dans la nature, à court terme). »

François attire également mon attention sur le sort des requins. « Les filets font des ravages chez ces prédateurs, souffle-t-il. Et, en Asie, les navires utilisant la méthode de la palangre capturent autant de requins que de thons. Chez certaines espèces de requins, il ne reste que 5 % à 10 % de la population d'origine. C'est en grande partie lié aux prises accessoires. » Les cétacés, dont les dauphins et les petites baleines, sont aussi touchés. Toujours selon le WWF, 300 000 d'entre eux sont victimes de la pêche industrielle tous les ans. En Occident, on s'indigne régulièrement face aux images de pêcheurs japonais massacrant ces animaux. On réclame à cor et à cri l'interdiction de ces pratiques. On signe des pétitions. On s'émeut même du sort des dauphins utilisés dans les parcs aquatiques. Mais, en achetant du thon au supermarché ou des sushis au restaurant, on est, nous aussi, responsables de la mort de ces mammifères particulièrement intelligents.

« Les océans font face à plusieurs types de menaces, explique François. La pollution au plastique, les hydrocarbures, tout ce qui est extractions gazière et pétrolière... Mais le plus gros problème, c'est là où on prélève la biomasse, c'est la pêche. Si on continue comme aujourd'hui, certaines études estiment qu'il n'y aura plus de poissons à capturer autour de 2050. Or, des océans dépeuplés auront une moins bonne résilience face au changement climatique. Il faut garder en tête que la plus grande forêt du monde, c'est la mer, c'est le plancton et le phytoplancton. Une grande partie de la machine climatique repose sur la photosynthèse des océans. »

Face à l'urgence planétaire, nous avons tous, à notre échelle, le pouvoir de protéger la mer et ses habitants. Si les industriels tuent et font souffrir des milliards de poissons, c'est parce que nous aimons mettre du thon dans nos salades ou que nous voulons des crevettes en apéritif. S'ils vident les océans et menacent des centaines d'espèces, c'est parce que nous raffolons des sushis devant la télé le dimanche soir. S'ils massacrent des dauphins, des requins, des tortues et des baleines, c'est parce que nous pensons ne pas pouvoir nous passer des grillades de poissons en été ou du cabillaud à la cantine. Tant qu'il y aura de la demande, tant que nous achèterons de la chair d'animaux marins, le méga-business de la pêche continuera à piller la mer. Il n'a aucune raison d'arrêter. Trop d'argent en jeu. Certes, la mise en place de quotas plus stricts ou l'interdiction de certaines techniques de capture peuvent limiter les dégâts. Mais il faut voir la réalité en face : les petits bateaux et les artisans pêcheurs ne pourront jamais fournir la quantité de poisson nécessaire face à l'augmentation croissante de notre consommation. Jamais. « Et puis, il ne faut pas non plus idéaliser la pêche artisanale, assène François. Il y a des flottilles de petits navires en Inde et au Sri Lanka qui font n'importe quoi. Et en France ? Est-ce qu'un chalutier de 18 mètres, c'est de l'artisanat ? Pour eux oui, pour nous non. Alors bien sûr, il y a de nombreux petits pêcheurs qui pratiquent une pêche durable et qui s'organisent pour que la ressource ne s'épuise pas. On en trouve en Bretagne, en Afrique, ou dans l'océan Indien. Je ne suis pas anti-pêche. Mais il y a urgence à réduire la pression sur les espèces et à limiter sa consommation de produits marins. »

Si, dans un monde imaginaire, la pêche était 100 % locale et respectueuse des équilibres écologiques, alors le poisson serait un produit de luxe, inaccessible au plus grand nombre. Il faudrait accepter de payer le prix fort et d'en manger seulement une fois de temps en temps. Mais, quoi qu'il arrive, cette pêche continuerait à faire souffrir des êtres vivants sensibles. Dès lors, pour reprendre le raisonnement de Peter Singer, la seule solution efficace pour lutter contre le massacre à l'œuvre dans les océans est de ne pas financer les responsables, en arrêtant d'acheter leurs produits. Les citoyens consommateurs que nous sommes ont le pouvoir de faire disparaître les filets meurtriers qui rongent la planète bleue.

8.
LA PAILLE ET LA POUTRE

La scène se déroule à Paris, sur les quais du canal Saint-Martin, dans le dixième arrondissement. Ce quartier, où j'habite, est l'un des plus prisés par la jeunesse parisienne. En ce début de septembre, il fait encore très chaud, et des centaines de personnes passent du bon temps au bord de l'eau. Je rentre du bureau à pied, les locaux de Konbini se situant à quelques minutes de là, près de l'hôpital Saint-Louis. Une berline noire Peugeot traverse l'un des ponts du canal et s'arrête au feu rouge situé à l'angle de la rue de la Grange-aux-Belles. Le conducteur jette par la fenêtre une canette de soda vide qui atterrit sur le trottoir, à quelques mètres d'un jeune homme d'une vingtaine d'années, en jeans, baskets, tee-shirt rouge et petites lunettes. Ce dernier ramasse la canette et interpelle l'automobiliste. Je m'arrête pour observer l'échange. « Tu ne peux pas jeter ça à la poubelle, sans déconner ? » lance le jeune homme. Le conducteur lui répond sèchement : « Me casse pas les couilles », et démarre. « Connard ! » s'écrie l'autre. Je reprends mon chemin le long du canal, dans la même direction que le jeune homme. Il dépose la canette dans une poubelle puis rejoint des amis en train de pique-niquer sur les quais. Vin, fromages, chips et saucisson. Le ramasseur de canette n'est pas venu les mains vides. Il sort de son sac à dos une barquette de viande des Grisons.

Cette anecdote illustre parfaitement notre schizophrénie collective. Nous approuvons tous et toutes l'attitude du jeune homme, qui a accompli un geste concret pour protéger l'environnement. Mais, quelques minutes plus tôt, en achetant de la viande au supermarché, il a financé, comme nous allons le voir, l'une des industries les plus polluantes au monde. Ce n'est pas un reproche, car je me comportais exactement de la même manière. Moi aussi, j'étais sensible à l'écologie bien avant d'arrêter de manger les animaux. À Paris, je n'avais jamais eu de voiture ni de scooter. Je râlais contre les gens qui jetaient des papiers par terre ou qui roulaient seuls dans leurs énormes 4 × 4 en pleine ville. J'éteignais les lumières en quittant les pièces et réprimandais ceux qui oubliaient de le faire. Je moquais mes amis qui utilisaient leur véhicule pour faire deux cents mètres. Je triais mes déchets ; poubelle verte, poubelle jaune, container pour le verre. Mes vacances, je les passais essentiellement en France, pour éviter les vols longs courriers, car j'en prenais déjà beaucoup pour le boulot. Mais, dans le même temps, je consommais de la viande ou du poisson tous les jours. Et je pensais sincèrement être écoresponsable. J'avais une poutre dans l'œil et ne voyais que la paille des autres.

Comme tout le monde, j'ai mes propres contradictions. Bien qu'étant contre le travail des mineurs, j'achète des produits – smartphones ou autres – qui contiennent des minerais extraits en partie par des enfants. Je pense également qu'il faut réduire la consommation d'énergies fossiles. Pourtant, je continue à prendre le taxi plutôt que les transports en commun pour aller à l'aéroport. Mon bilan carbone est certainement plus élevé que la moyenne des Occidentaux. Nous sommes tous contradictoires, au moins par moments. Le tout, c'est de l'être en connaissance de cause. Ne pas fermer les yeux ou se chercher des excuses, mais essayer de raréfier ces contradictions voire, si possible, les faire disparaître. Or, la viande échappe la plupart du temps à ces questionnements et remises en cause. Il faut dire que son impact environnemental semble encore peu connu du grand public. J'en ignorais moi-même l'ampleur avant de devenir végétarien.

La voiture pollue, tout le monde le sait. Un steak, c'est moins évident. Et pourtant. Dans un rapport intitulé « Contrer le changement climatique à travers l'élevage », publié en 2016, la FAO estime que l'élevage est responsable de 14,5 % des émissions mondiales de gaz à effet de serre (GES). C'est un peu plus que le secteur des transports et ses 14 % d'émissions globales. Difficile à croire, mais la viande pollue plus que les avions, bateaux, trains, camions et voitures du monde entier ! Pour lutter contre le réchauffement, devenir végétarien ou végan est donc un acte au moins aussi efficace qu'abandonner sa voiture. Une étude menée en 2014 par des chercheurs de l'université d'Oxford chiffre la quantité de CO_2 rejetée dans l'atmosphère en fonction du régime alimentaire. Une personne mangeant plus de 100 grammes de viande (l'équivalent d'un steak hâché) par jour émet 7,19 kilos de CO_2 quotidiennement. Le chiffre tombe à 5,63 kilos pour une consommation comprise entre 50 et 99 grammes, et à 4,67 kilos pour moins de 50 grammes. Un végétarien, lui, émet seulement 3,81 kilos de CO_2 par jour, et un végétalien, 2,89 kilos. C'est la viande bovine qui pollue le plus : 41 % des GES de l'élevage, 61 % si on compte l'industrie laitière. Loin devant les porcs (9 %) et la volaille (8 %). Vous allez comprendre pourquoi.

LES STEAKS TUENT L'AMAZONIE

Une vache, ça mange beaucoup. Beaucoup plus qu'un être humain. Entre 40 et 75 kilos de nourriture par jour. Plus d'une tonne par mois ! Et des vaches, il y en a des centaines de millions. Il faut donc produire et transporter des centaines de milliards de tonnes d'aliments pour bovins tous les mois. Sans compter les productions destinées à nourrir les cochons, moutons, poulets, etc. C'est en partie à cause de cela que l'industrie de la viande dégage des quantités astronomiques de gaz à effet de serre. Selon la FAO, 45 % des émissions liées à l'élevage proviennent de la culture et du transport des aliments pour animaux.

Ce sujet est un objet de débat quand je rencontre pour la première fois des personnes agacées par les végétariens. Elles essayent souvent de me prendre en défaut en affirmant que mon régime alimentaire n'est pas irréprochable. L'argument le plus fréquemment utilisé porte sur le fait que manger plus de légumes et de plantes revient à cultiver plus. L'exemple du soja est le plus souvent brandi. Dialogue type :

« Et du coup, les protéines, tu compenses comment ?

— Y a plein de solutions. Le soja, les... »

— Ah le soja ! Et tu crois que c'est mieux que la viande ? T'as pas vu en Amazonie ? Ils coupent des arbres pour planter du soja ! »

C'est exact. Cette culture est en bonne partie responsable de la déforestation en Amérique du Sud. Beaucoup pensent ainsi que, pour nourrir tous les habitants d'une planète végétarienne, il faudrait raser l'intégralité des surfaces boisées pour cultiver des plantes. En réalité, le soja planté à la place de la forêt vierge est utilisé pour sustenter le bétail, pas les humains. La FAO estime en effet que 70 % de la surface agricole mondiale est utilisée par l'industrie de la viande et des produits laitiers. Au total, l'élevage occupe directement (pâturages) ou indirectement (culture pour nourrir les animaux) 30 % des terres non recouvertes de glace dans le monde. Cela ne suffit pourtant pas à l'agro-business, qui continue de grignoter petit à petit les espaces forestiers.

Selon plusieurs rapports de Greenpeace, l'élevage bovin était responsable de 80 % de la déforestation de l'Amazonie en 2009, et de 63 % en 2016. L'industrie du bois et l'exploitation minière ne seraient en comparaison à l'origine que de 3 % à 5 % des destructions d'arbres. Au Brésil, 91 % des terres déboisées depuis 1970 sont désormais occupées par les vaches ou leurs aliments. Les géants de l'élevage rasent le poumon vert de la Terre pour fabriquer de la viande. Au total, en 2017, la planète a perdu 29,4 millions d'hectares de forêt selon les données satellite du programme Global Forest Watch. Cela équivaut à une surface boisée de la taille d'un terrain de football détruite chaque seconde. Le temps de lire cette phrase, qui n'est pourtant pas particulièrement longue, trois terrains de foot sont partis en fumée dans le monde. Selon l'Institut national d'études géographiques, un organisme gouvernemental brésilien, 7 900 kilomètres carrés de forêt ont été détruits entre août 2017 et juillet 2018, soit plus de cinq fois la surface de la ville de Sao Paulo. En Amazonie, sur plusieurs décennies, l'élevage a fait disparaître au total 55 millions d'hectares de forêt, selon les estimations du site d'information spécialisé Mongabay. C'est beaucoup plus que l'exploitation de l'huile de palme en Indonésie, qui a provoqué la destruction d'environ 10 millions d'hectares d'après le département de l'Agriculture des États-Unis (USDA). Or, l'abattage massif des arbres participe activement au réchauffement climatique. Moins d'arbres, c'est moins de CO_2 absorbé par la photosynthèse et, donc, plus de gaz à effet de serre dans l'atmosphère.

Par ailleurs, en détruisant la forêt vierge, l'élevage provoque la disparition de très nombreuses espèces, qui n'ont plus d'espaces naturels pour vivre. À en croire le dernier rapport « Planète vivante » du WWF, publié en octobre 2018, 60 % des populations d'animaux sauvages de la Terre ont disparu depuis 1970. Dans les zones tropicales et en Amérique du Sud, seuls 11 % des espèces d'origine auraient survécu.

Face à ce désastre, on se sent souvent impuissants. Pour nous qui vivons en Occident, il est par exemple très difficile de défendre les rhinocéros contre les braconniers en Afrique. À moins de quitter son travail, de prendre un avion, et d'aller combattre dans la savane, arme à la main. Il est tout aussi délicat de faire la guerre aux baleiniers japonais ou islandais qui massacrent les cétacés. Votre famille et votre employeur n'apprécieront sûrement pas de vous voir partir plusieurs mois en mer sur les navires de l'association Sea Shepherd[1]. En revanche, pour participer à la lutte contre la disparition des animaux sauvages dans les forêts d'Amazonie et d'ailleurs, c'est assez simple. Il faut arrêter de financer la première cause de déforestation dans le monde : l'industrie de la viande.

---

1. Sea Shepherd est une association internationale qui lutte contre la surpêche et pour la protection des espèces marines.

Impacts de l'élevage

GAZ À EFFET DE SERRE

L'élevage est responsable de **14,5 %** des GES mondiaux (secteur des transports = 14 %)

DONT

41 % imputables à la viande bovine
61 % avec l'industrie laitière

9 % à la viande de porc

8 % à la volaille

CO_2

1 **végétalien** émet **2,89 kg** de CO_2/jour

1 **végétarien** émet **3,81 kg** de CO_2/jour

1 **consommateur de moins de 50 g/jour de viande** émet **4,67 kg** de CO_2/jour

1 **consommateur de 50 à 99 g/jour de viande** émet **5,63 kg** de CO_2/jour

1 **consommateur de plus de 100 g/jour de viande** émet **7,19 kg** de CO_2/jour

DÉFORESTATION

70 % de la surface agricole mondiale est utilisée par l'industrie de la viande et des produits laitiers

63 % de la déforestation de l'Amazonie est imputable à l'élevage bovin
(3 à 5 % à l'industrie du bois et à l'exploitation minière)

La déforestation en 2017 = l'équivalent de **1 terrain de foot par seconde**

BIODIVERSITÉ

Depuis 1970

La déforestation a causé **la disparition de 60 % des populations d'animaux sauvages**

Dans les zones tropicales et en Amérique du Sud, **seules 11 %** des espèces auraient survécu

sur l'environnement

DÉCHETS

En France, **300 millions de tonnes de déjections animales** sont produites chaque année **(10 tonnes/seconde)**

Les élevages bretons (essentiellement de porcs) produisent **autant d'excréments que 60 millions** d'habitants

60 % des émanations d'ammoniac proviennent de l'élevage

EAU

1 kg de viande bovine
= **15 000 litres d'eau**
1 Français mange en moyenne 24,2 kg de viande bovine par an
= 363 000 litres = 6 bains par jour = 8 lessives en lave-linge par jour
= 100 chasses d'eau par jour

1 côte de bœuf (environ 1 kg)
= 15 000 litres d'eau = **75 bains**
= **tirer 1 250 × la chasse d'eau**

1 kg de poulet
= 4 300 litres d'eau = **22 bains**
= **tirer 358 × la chasse d'eau**

1 tranche de jambon
(environ 50 g) = 300 litres d'eau
= **tirer 25 × la chasse d'eau**

PROTÉINES

Pour produire **1 kg de protéines animales**, il faut fournir aux animaux **entre 7 et 12 kg de protéines végétales** (blé, avoine, maïs, soja, pois, etc.)

En réduisant leur consommation de viande de 10 %, les Américains pourraient produire au moins **12 millions de tonnes de céréales** pour la consommation humaine (de quoi nourrir **60 millions de personnes**)

20 % de la surface agricole actuellement utilisée **par l'élevage** suffirait à produire la quantité de protéines végétales nécessaire pour nourrir l'humanité

1 kg de protéines végétales de **céréales = 21 000 litres d'eau**

1 kg de protéines végétales de **légumineuses = 19 000 litres d'eau**

1 kg de protéines animales de **viande de bœuf = 112 000 litres d'eau**

1 kg de protéines animales de **viande de porc = 57 000 litres d'eau**

1 kg de protéines animales de **viande de poulet = 34 000 litres d'eau**

UNE HISTOIRE DE MERDE

Prenez une piscine olympique de 50 mètres de long sur 20 mètres de large, avec 2 mètres de profondeur. Remplissez-la entièrement de merde. Et voilà ! Vous avez une idée de la quantité d'excréments produits chaque minute par les animaux d'élevage, rien qu'aux États-Unis. Cela correspond à 39 tonnes par seconde. Plus de 1,3 milliard de tonnes par an[1]. Dans son ouvrage, Jonathan Safran Foer décrit l'ampleur du problème : « Un élevage porcin industriel moyen produit chaque année 3 200 tonnes de lisier, un élevage de poulets de chair 2 900, et un élevage de bétail 155 000. Le Government Accountability Office (GAO) signale que les élevages industriels "peuvent engendrer plus de déchets bruts que la population de certaines villes des États-Unis". En tout, les animaux d'élevage américains produisent 130 fois plus de déchets que la population humaine. » Selon la FAO, l'élevage bovin outre-Atlantique est responsable d'environ un tiers de l'azote et du phosphore répandus dans les eaux douces du pays. En 1989, dans la version actualisée de *La Libération animale*, Peter Singer évoquait, lui, l'exemple des Pays-Bas : « Les fermes hollandaises produisent 94 millions de tonnes de fumier chaque année, dont seulement 50 millions peuvent sans risques être absorbées par le sol. L'excédent remplirait, a-t-on calculé, un train de marchandises de 16 000 kilomètres de long s'étendant d'Amsterdam jusqu'aux rives les plus éloignées du Canada. Mais cet excédent n'est pas expédié au loin, il est simplement déversé sur le sol où il pollue les réserves d'eau et tue ce qui reste de végétation naturelle dans les régions agricoles des Pays-Bas. »

La situation est tout aussi problématique dans notre pays. En France, 300 millions de tonnes de déjections animales sont

---

1. Ces chiffres, cités par Jonathan Safran Foer dans son livre *Faut-il manger les animaux ?*, viennent de l'USDA, le département de l'Agriculture des États-Unis, qui se base sur un rapport de la commission sénatoriale sur l'agriculture, la nutrition et les forêts, commandité par Tom Harkin, sénateur démocrate de l'Iowa.

produites chaque année selon l'Institut français de l'environnement (Ifen), soit 10 tonnes par seconde. À eux seuls, les élevages bretons (essentiellement de porcs) émettent autant d'excréments que 60 millions d'habitants. Dans la nature, pourtant, le sol absorbe sans problème les matières fécales des animaux, qui fertilisent les terres. Mais, en élevage intensif, les bêtes sont tellement nombreuses, concentrées dans un espace réduit, que le volume de déjections produit est infiniment supérieur à la capacité d'absorption de l'environnement. D'autant que le lisier – constitué d'un mélange d'urines et d'excréments de porcs – est souvent déversé à même le sol sans traitement préalable.

« La capacité de pollution de cette merde est cent soixante fois plus importante que celle d'eaux usées municipales non retraitées », estime Jonathan Safran Foer. Les déjections des animaux d'élevage contiennent en effet d'immenses quantités de nitrates, de pesticides, d'antibiotiques, de phosphates et d'autres substances qui se propagent dans l'eau. En novembre 2018, alors que j'écris ce chapitre, Greenpeace publie un rapport édifiant, intitulé « Dirty Waters » (« eaux sales », en français). L'association a effectué pour analyse des prélèvements dans vingt-neuf cours d'eau européens. Résultat : une pollution massive liée à l'agriculture et à l'élevage industriels. « Tous les cours d'eau contiennent des mélanges alarmants de produits agrochimiques et pharmaceutiques », écrit l'association. En France, trois échantillons ont été prélevés en Bretagne et en Vendée, régions où les fermes-usines sont très nombreuses. Dans le Gouessant, un fleuve côtier des Côtes-d'Armor, Greenpeace a trouvé la trace de vingt-cinq pesticides, dont six interdits par l'Union européenne. Dans les ruisseaux de la Madoire et du Vernic, il y en avait respectivement quinze et seize, dont quatre et six interdits. Ces pesticides proviennent de l'agriculture intensive en général, pas de l'élevage spécifiquement. En revanche, l'association a détecté la présence dans l'eau de quatre médicaments vétérinaires utilisés par l'industrie de la viande, dont le furaltadone et la sulfadiméthoxine. Ces antibiotiques sont massivement administrés aux animaux d'élevage, même lorsqu'ils ne sont pas malades. Plus rentable que de soigner au cas par cas et, vu la promiscuité, cela permet d'éviter une contamination massive dans l'hypothèse d'une maladie. « Avec 70 % des antibiotiques consommés, le secteur de l'élevage est désormais le plus gros consommateur d'antibiotiques au monde », souligne Greenpeace dans son rapport.

Problème, cet usage renforce la résistance des organismes aux antimicrobiens, et rend donc le combat contre les bactéries plus compliqué à long terme, y compris chez les humains. Car les médicaments vétérinaires peuvent se retrouver dans la viande et, comme le montrent les prélèvements de Greenpeace, dans notre environnement, via les déjections animales qui s'infiltrent dans le sol et l'eau. En 2016, les Nations unies ont reconnu que l'usage excessif d'antibiotiques, à la fois pour soigner les hommes et les animaux, était la principale cause de résistance aux antimicrobiens. Or, cette résistance est considérée comme l'une des trois plus grosses menaces par l'Organisation mondiale de la santé (OMS).

L'enquête de Greenpeace dans les rivières européennes et françaises révèle aussi la présence de nitrates (sel d'acide nitrique) dans des proportions inquiétantes. Ces composés chimiques, issus du lisier et des engrais azotés, sont délétères pour l'environnement lorsqu'ils sont présents en trop grande quantité. « Les trois échantillons contenaient des concentrations en nitrates supérieures au seuil déterminé par les scientifiques pour garantir la protection des invertébrés aquatiques, des poissons et des amphibiens les plus vulnérables », précise le rapport. À noter que les niveaux relevés par Greenpeace restent inférieurs au seuil légal fixé par l'Union européenne, que de nombreux chercheurs estiment trop élevé pour assurer la protection de certaines espèces. Car, cela ne fait aucun doute, les excréments des porcs, vaches et poulets rejetés massivement par l'élevage industriel sont un poison pour les êtres vivants et les écosystèmes en général. Les catastrophes écologiques provoquées par les déjections animales sont – malheureusement – très fréquentes.

Prenons quelques exemples, uniquement pour l'année 2018. Le 21 avril, la Bretagne est touchée par un accident qui ne fait pas grand bruit à l'époque. Ce jour-là, dans un élevage industriel de porcs situé à Elliant, la canalisation d'une fosse à lisier se rompt : 100 000 litres de déjections se déversent alors dans la rivière voisine, le Jet. Sur douze kilomètres, l'ensemble de la faune du cours d'eau est dévasté. Des milliers d'animaux aquatiques sont tués. Mais la contamination touche aussi une ferme de pisciculture voisine ; 50 tonnes de truites perdent la vie. L'association Eau et Rivières de Bretagne a porté plainte contre l'exploitation porcine, qui avait déjà provoqué une pollution similaire six ans plus tôt. Le 1er juin 2018, en Suisse, un mois après l'accident du Jet, c'est encore une fuite de lisier qui foudroie le canal de la Mérine et son affluent, le ruisseau de Neyrevaux. « Environ 23 000 bébés poissons ont été retrouvés morts dans une dérivation de la rivière, une sorte de nurserie où les pêcheurs élèvent des petits poissons avant de les relâcher », se désole à l'époque Jean-Michel Troillet, garde-pêche, auprès du journal *La Liberté*.

Trois mois plus tard, le 30 août, un autre incident se produit, encore une fois en Bretagne, autour de Lanhouarneau. Une station de traitement de lisier déborde et déverse les excréments dans la rivière de la Flèche. La faune du cours d'eau est détruite sur deux kilomètres et 15 tonnes de poissons périssent dans une pisciculture voisine. Trois semaines après les faits, Jean-Yves Kermarrec, président d'une association de pêche locale, exprime sa colère dans le journal *Le Télégramme* : « Dans ce genre de cas, la destruction piscicole est totale. Les dommages sont d'autant plus colossaux que, pour les espèces comme la truite de mer, le saumon, le chabot ou l'anguille – classée en danger critique d'extinction –, il faudra plusieurs années, parfois une décennie, avant un retour à la normale. […] C'est déjà la sixième pollution constatée en six ans sur les bassins de l'Elorn et de la haute Flèche. »

On continue ? 28 septembre 2018. Toujours en Bretagne, à Beuzec-Cap-Sizun. Des promeneurs remarquent que l'eau d'un ruisseau est trouble et sent mauvais. Les autorités se rendent sur place et constatent que des déjections de porcs ont été déversées dans l'environnement. « Les pompiers ont envisagé de déployer un barrage, ce qui n'a pas été possible en raison de la nature très accidentée du terrain et du fait que sa déclivité importante avait rapidement poussé les écoulements vers la mer », écrit *Le Télégramme* dans son édition du 1er octobre 2018. Oui, en plus de dévaster les cours d'eau, le lisier finit dans l'océan et provoque d'autres désastres écologiques. En Bretagne, les excréments issus de l'élevage industriel sont en grande partie responsables de la prolifération des algues vertes sur le littoral. En pourrissant sur le sable, ces plantes aquatiques dégagent un gaz toxique et nauséabond, le sulfure d'hydrogène. Provoquant irritations et troubles respiratoires, il peut même causer la mort en cas d'exposition prolongée. Des chiens, des sangliers, des chevaux et même quelques hommes y ont déjà succombé. Mais, au-delà des risques sanitaires, l'odeur rend pénibles les balades en bord de mer. Dans de nombreuses communes bretonnes, la baignade est régulièrement interdite à cause de l'excès de bactéries fécales E. coli dans l'eau. Par moment, les déjections des cochons enfermés dans les fermes-usines privent tout simplement les habitants du littoral de l'accès à l'océan.

Pour autant, cela ne semble pas perturber l'industrie de la viande. Pendant que l'environnement, les humains et la faune sauvage souffrent, l'élevage intensif, lui, continue de produire des montagnes de merde empoisonnée. Cette pollution ne concerne pas seulement les sols et l'eau, elle émet aussi des gaz toxiques. Notamment de l'ammoniac, dont plus de 60 % des émissions mondiales proviennent de l'élevage, selon la FAO. Très difficile à détecter, ce gaz réagit avec l'oxyde d'azote (dégagé, entre autres, par les pots d'échappement) et crée du nitrate d'ammonium sous forme de particules fines. Présentes dans l'air que l'on respire, elles sont dangereuses pour la santé et provoquent des maladies pulmonaires ou cardiaques. Les habitants des grandes villes les connaissent bien. Des « alertes aux particules fines » sont régulièrement lancées par les autorités pour inciter les citoyens à limiter leurs déplacements. L'épandage d'engrais à proximité des aires urbaines, combiné aux rejets des voitures, est en partie responsable de ces pics de pollution et des milliers de morts qui en découlent[1]. Mais l'ammoniac ne menace pas seulement la santé, il participe aussi au réchauffement climatique et provoque des pluies acides qui ravagent forêts, cultures et étendues d'eau. De nombreuses espèces aquatiques sont affectées par les variations de pH causées par ces phénomènes. Dans certains lacs américains, trop acides, les poissons et batraciens (comme les grenouilles) ont même complètement disparu.

Les déjections des animaux d'élevage dégagent également un autre gaz, le protoxyde d'azote, particulièrement dévastateur d'un point de vue climatique. Selon le Groupe d'experts intergouvernemental sur l'évolution du climat (Giec), le pouvoir de réchauffement global (PRG) du protoxyde d'azote est de 298. Cela veut dire qu'à quantités égales ce gaz réchauffe 298 fois plus l'atmosphère que le CO_2, qui sert de référence. La FAO estime que 29 % des émissions mondiales de protoxyde d'azote sont liées aux matières fécales des animaux d'élevage. Pour rester dans le même registre, parlons aussi de pets et de rots. C'est loin d'être anecdotique, car 39 % des gaz à effet de serre dégagés par l'élevage proviennent de la « fermentation entérique des animaux », c'est-à-dire des gaz produits par leurs corps, qu'ils relâchent par la bouche ou l'anus. Parmi eux, le méthane, gaz délétère pour l'environnement, deuxième cause du réchauffement climatique après le CO_2. Au niveau mondial, l'industrie de la viande et du lait

---

1. L'étude européenne Aphekom, menée en 2012 dans douze pays européens et coordonnée par l'Institut de veille sanitaire, a conclu que 2 900 morts prématurées pourraient être évitées dans neuf villes françaises si les concentrations en particules fines diminuaient. En extrapolant au niveau national, 15 000 décès prématurés seraient évitables.

est responsable de 44 % des émissions de méthane résultant des activités humaines.

D'ailleurs, savez-vous quel type d'élevage est le plus gros émetteur de gaz à effet de serre ? Surprise ! Ce n'est pas l'élevage intensif. Selon la FAO, plus des deux tiers des rejets liés aux animaux sont imputables à l'élevage extensif, c'est-à-dire en plein air. Logique : les vaches enfermées dans des bâtiments monopolisent moins d'espace que celles passant la plupart de leur temps en extérieur. Moins de pâturages implique moins de forêt rasée, plus d'absorption de CO_2 par les arbres et donc moins de réchauffement. Par ailleurs, les êtres vivants élevés en extensif grossissent moins vite qu'en intensif. Ils vivent plus vieux, et ont ainsi plus le temps de polluer via leurs déjections et la fermentation entérique. En mangeant de la « bonne viande », à supposer qu'elle existe, on fait peut-être un peu moins souffrir les animaux d'élevage, mais on participe de manière significative au changement climatique.

EAU SECOURS !

Pissez sous la douche ! C'est bon pour la planète. En ne tirant pas la chasse d'eau des toilettes, vous économisez entre 10 et 12 litres à chaque fois. Quand vous vous lavez les dents, pensez à fermer le robinet. Si vous avez de la place dans la cuisine, un lave-vaisselle est conseillé. Cela dépense moins d'eau que de nettoyer les couverts à la main. L'été, en période de sécheresse, merci de ne pas remplir la piscine ni arroser la pelouse. Quant au bain, évitez. Une douche de quelques minutes suffit pour être propre. Ces conseils pour économiser l'eau, vous les connaissez. Mais à quoi bon les appliquer si on mange de la viande ?

La question est volontairement provocante. Il ne s'agit pas d'opposer de bons gestes à d'autres bons gestes. Toutes choses égales par ailleurs, mieux vaut ne pas prendre de bain, que l'on mange ou non de la viande. Cependant, il est important d'avoir conscience que, dans votre vie quotidienne, à moins d'être propriétaire d'un jardin de plusieurs milliers de mètres carrés à arroser, c'est en achetant de la chair animale – et en particulier de la vache – que vous dépensez le plus d'eau. Pourquoi ? D'abord, parce qu'en plus de manger beaucoup, un bovin boit énormément. Entre 60 et 120 litres par jour. Une vache abattue à six ans consomme entre 130 000 et 260 000 litres durant son existence. Or, rappelez-vous, une charolaise de 740 kilos ne donne « que » 269 kilos de viande. Pour chaque kilo de chair vendu, la vache boit ainsi entre 483 et 966 litres d'eau. En moyenne : 724 litres par kilo. Vous suivez toujours ? Allons plus loin : avec 1 kilo de viande bovine, on peut faire environ cinq entrecôtes. Chaque entrecôte a donc « coûté » 145 litres d'eau. C'est comme tirer quinze fois la chasse d'affilée, ou prendre trois douches[1]. C'est déjà beaucoup, n'est-ce pas ? Sauf qu'ici on ne prend en compte que la « boisson » de la vache. À cela, il faut ajouter l'eau utilisée dans les élevages, notamment pour nettoyer. Mais, surtout, on doit comptabiliser toute l'eau nécessaire pour faire pousser la nourriture des bovins ! C'est là que se trouve, et de loin, le plus gros poste de dépenses. Au total, si on ajoute l'eau verte (eau de pluie), l'eau bleue (eau douce et nappes phréatiques) et l'eau grise (nécessaire pour absorber les polluants générés pendant la production), produire 1 kilo de viande bovine nécessite environ 15 000 litres. Un Français qui mange 24,2 kilos de vache par an (c'est la moyenne nationale) dépense donc pour cela… 363 000 litres d'eau chaque année. De quoi, au choix :

Vider quatre fois une piscine de 10 mètres de long sur 5 mètres de large et 1,80 mètre de profondeur ;
Prendre 2 400 bains, soit six par jour pendant un an ;
Faire tourner 3 000 fois le lave-linge, soit huit fois par jour pendant un an ;
Tirer 36 300 fois la chasse d'eau, soit cent fois par jour pendant un an.

---

1. Selon le CNRS, une douche consomme entre 30 et 80 litres d'eau, donc 55 litres en moyenne. Un bain dépense entre 150 et 200 litres.

Les autres animaux que nous mangeons sont moins coûteux en eau, mais cela reste important : 6 000 litres pour 1 kilo de porc, 4 300 pour 1 kilo de poulet. Les céréales, elles, demandent seulement 1 640 litres par kilo, et les légumineuses, 4 000 litres. Dans un rapport de 2010, les experts des Nations unies écrivaient ceci : « L'élevage fait partie des secteurs les plus destructeurs de la planète, accentuant notamment la raréfaction des ressources en eau et contribuant, entre autres choses, à la contamination de l'eau avec des déchets animaux, des antibiotiques et hormones, des produits chimiques provenant des tanneries, des engrais et des pesticides pulvérisés dans les cultures vivrières. » Mais il faut bien produire de la viande pour nourrir la planète, pas vrai ?

NOURRIR LA PLANÈTE

C'est l'un des arguments chocs de l'industrie de l'élevage : « Grâce à nous, l'humanité survit. Oui, on tue des animaux. Oui, on pollue. Mais il faut bien passer par là pour manger ! On ne va quand même pas laisser les gens mourir de faim ! » Ce discours est fallacieux.

Il est vrai que de nombreux êtres humains dépendent des animaux pour se nourrir. Dans les pays pauvres au climat sec ou glacial, quand presque rien ne pousse, le poulet et le poisson constituent parfois un apport en protéines indispensable. Certaines communautés de pêcheurs, qui capturent les animaux marins pour les manger eux-mêmes, peuvent difficilement se passer de cette ressource. Au Congo, où, souvenez-vous, j'ai effectué un reportage sur la famine, les quelques volailles qui gambadent dans les villages reculés permettent à des familles d'améliorer un quotidien difficile. Mais ce n'est pas l'industrie de l'élevage qui fournit cette viande. Les poissons mangés dans les villages de pêcheurs malgaches ne proviennent pas des chalutiers européens de 80 mètres.

L'industrie produit essentiellement de la viande et du poisson pour les pays riches. Pour les Américains, les Européens, et les classes sociales aisées des autres continents. Pour nous, Occidentaux, qui disposons d'une immense diversité de produits dans nos supermarchés. Même dans les endroits les plus reculés de France, quelques dizaines de minutes en voiture suffisent pour atteindre un commerce où sont vendues des denrées en tout genre. Chez nous, consommer de la chair animale n'est pas une question de survie, c'est un plaisir.

Indépendamment des considérations éthiques, partons du principe qu'il est acceptable d'exploiter, de faire souffrir et de tuer des êtres vivants pour les manger. Posons-nous alors une seule question : les produits carnés sont-ils un moyen efficace de nourrir la planète ? La réponse est non. Si la viande nous « nourrit », c'est qu'elle apporte des protéines à notre organisme. Or, pour produire 1 kilo de protéines animales, il faut fournir aux animaux – en fonction de l'espèce – entre 7 et 12 kilos de protéines végétales (blé, avoine, maïs, soja, pois, etc.). Nous donnons aux cochons, poulets ou bovins des protéines que nous pourrions manger nous-mêmes. Selon une étude publiée en juin 2018 dans la revue *Science*, l'élevage monopolise 83 % des terres agricoles mondiales (la FAO donne une estimation plus basse, 70 %) mais ne fournit que 37 % des protéines et 18 % des calories. D'un point de vue économique, c'est une aberration. Dans son livre *La Libération animale*, le philosophe Peter Singer prend l'exemple des veaux, les animaux les moins « rentables » puisqu'ils ont besoin de 21 kilos de protéines végétales pour donner 1 kilo de protéines carnées. « Nous récupérons moins de 5 % de ce que nous avons investi », écrit-il. Quelle quantité de protéines peut-on produire avec 1 hectare de terre fertile ? Le philosophe fait cette simulation, en se basant sur les chiffres de l'agriculture américaine : « Nous pouvons utiliser cette surface pour cultiver une plante comestible à haut rendement en protéines, par exemple des petits pois ou des haricots. Nous obtiendrons alors de notre hectare entre 300 et 550 kilos de protéines. À l'inverse, nous pouvons consacrer cette surface à des cultures dont nous nourrirons des animaux, et ensuite tuer et manger ces animaux. De notre hectare nous tirerons alors en fin de compte entre 45 et 60 kilos de protéines. [...] Ainsi, la plupart des estimations concluent-elles que la nourriture végétale apporte environ dix fois plus de protéines par hectare que ne le fait la viande, [...] le rapport allant parfois jusqu'à vingt. » Et si on calcule en calories, plutôt qu'en protéines ? Peter Singer y a pensé, et le résultat est le même. L'avoine, par exemple, apporte six fois plus de calories par hectare que le porc, et vingt-cinq fois plus que le bœuf. Même pour les apports en fer, les végétaux sont plus efficaces. « Un hectare de brocolis produit vingt-quatre fois plus de fer que ne le fait un hectare utilisé pour la viande de bœuf », écrit Singer.

Non seulement l'industrie de la viande gaspille des quantités astronomiques de protéines, de calories et de nutriments, mais de surcroît elle occupe inutilement des centaines de millions d'hectares de terre. Si tous les habitants de la planète devenaient végétariens, il ne faudrait conserver que 20 % de la surface agricole actuellement consacrée à l'élevage pour nourrir l'humanité. Avec ces 20 %, nous pourrions produire suffisamment de protéines végétales pour compenser la disparition totale des protéines animales. Le reste des terres agricoles accaparées aujourd'hui par la viande (2,7 milliards d'hectares, soit l'équivalent de l'Amérique du Sud et de l'Europe réunies) pourrait être rendu à la nature, et redevenir des forêts ou des prairies. Avec des arbres beaucoup plus nombreux qu'aujourd'hui, la planète absorberait plus de CO_2 et le réchauffement climatique serait moins important. Quant à la ressource la plus précieuse pour la vie sur Terre, l'eau, nous pourrions l'économiser massivement. En effet, pour produire 1 kilo de protéines avec de la viande de bœuf, il faut 112 000 litres d'eau (57 000 pour le porc, 34 000 pour le poulet). En revanche, avec les légumineuses (haricots, lentilles, pois, etc.), 19 000 litres d'eau suffisent pour obtenir 1 kilo de protéines et 21 000 pour les céréales. Enfin, sans prendre en compte l'eau de pluie, la comparaison reste largement en faveur des végétaux : 4 100 litres nécessaires pour produire 1 kilo de protéines en cultivant des légumineuses, contre 7 300 litres en élevant des bœufs et 10 300 litres avec des porcs.

L'industrie de l'élevage ne nourrit pas la planète. Au contraire, elle l'affame. Paradoxal, me direz-vous. C'est pourtant bien le cas. Si, au lieu de consacrer des milliards de tonnes de plantes aux animaux destinés à l'abattoir, nous en produisions pour les pays qui souffrent de la malnutrition, la faim dans le monde serait éradiquée. Au Congo, j'ai assisté avec Clément à une distribution de nourriture dans un village du Kasaï, perdu dans la brousse. Après des mois d'isolement, les habitants voyaient débarquer les humanitaires pour la première fois. Les camions du Programme alimentaire mondiale (PAM), qui dépend de l'ONU, furent accueillis par des cris de joie. Certaines familles n'avaient rien mangé depuis des jours, les enfants étaient pour la plupart dans un état de malnutrition sévère, nécessitant une prise en charge immédiate. Les parents n'osaient pas retourner travailler dans les champs, par peur des miliciens et des militaires qui se livraient à des exactions épouvantables. Alors les mères se pressaient autour des camions du PAM et patientaient des heures en plein soleil, sous 40 degrés. Que donnait-on à ces populations victimes de la famine ? Ni viande ni poisson. Mais de l'huile, du sel, de la farine et des haricots, très riches en protéines. Les familles ont eu droit à une portion de chaque, plus ou moins grande en fonction du nombre d'enfants. Très vite, l'information s'est répandue dans les villages alentour, et des milliers de personnes ont afflué pour essayer d'obtenir un peu de nourriture. Au bout de trois jours de distribution, il n'y avait plus rien. Les camions sont repartis vides et des centaines de familles sont rentrées bredouilles. Pensant que nous étions aussi des humanitaires, des femmes nous ont suppliés de revenir vite, en nous disant qu'un seul sac de haricots les ferait tenir plusieurs mois. La situation était dramatique et notre impuissance totale. Nous savions que le PAM ne reviendrait pas ici. Il y avait des milliers de villages à ravitailler, et pas assez de nourriture pour tout le monde. Les responsables de la distribution nous ont demandé de ne rien dire aux villageois, pour ne pas créer d'émeutes. Ce jour-là, j'ai pensé aux tonnes de blé, de soja et de maïs qui avaient été gâchées pour me permettre de manger des steaks et du saucisson pendant vingt-six ans. J'ai eu la nausée.

Dans son ouvrage, Peter Singer cite une étude datant un peu mais très éclairante : « En 1974, Lester Brown, du Overseas Development Council, estima que, si les Américains réduisaient leur consommation de viande de seulement 10 %, cela dégagerait chaque année au moins 12 millions de tonnes de céréales pour la consommation humaine – de quoi nourrir 60 millions de personnes. » Mais l'agro-business ne l'entend pas ainsi. Vendre de la viande aux consommateurs des pays riches est plus rentable que produire des céréales pour le tiers-monde. Du moins, tant que les Occidentaux achètent des produits animaux. Quant à la pêche, elle joue aussi un rôle dans l'insécurité alimentaire. Souvenez-vous, une quantité importante de poissons sauvages est capturée pour être transformée en farine ou en purée et nourrir les poissons d'élevage. « Les pêcheurs des pays pauvres vendent à ceux qui proposent le meilleur prix, m'explique François Chartier, de Greenpeace. Or, qui paye le mieux ? Les producteurs de farine. Du coup, le poisson n'est plus pêché pour les locaux mais pour être envoyé dans les fermes à saumon qui fournissent les Occidentaux. Au Sénégal, par exemple, il devient compliqué de trouver les ingrédients pour faire du tiep bou dien, le plat traditionnel. Et les femmes qui faisaient le séchage du poisson n'ont plus de travail. Ces protéines qui étaient auparavant injectées localement partent de plus en plus vers les pays riches. »

La demande mondiale pousse l'industrie à produire une quantité de produits carnés toujours plus importante. Au restaurant, sur les marchés, dans les boucheries et les grandes surfaces, en barquettes ou en plats préparés, cette chair animale inonde des sociétés aisées qui comptent des millions de personnes en surpoids. Pendant ce temps, d'autres meurent de faim. Et rêvent d'un sac de haricots.

9.
CASSER LES IDÉES REÇUES

Lorsque j'ai décidé d'arrêter la viande, puis le poisson, je me suis rendu compte que nous étions soumis à de nombreux présupposés qui conditionnent notre alimentation. Quand j'évoque mon végétarisme autour d'une table, en famille ou entre amis, ces idées reçues émergent inévitablement dans la discussion. En général, sur la question de l'impact environnemental de la consommation de viande et sur celle du traitement réservé aux animaux, tout le monde finit par tomber d'accord. Oui, les industries de l'élevage et de la pêche détruisent la planète. Oui, nous faisons souffrir atrocement des êtres vivants. Mais constater cela ne suffit pas à enclencher une prise de décision. Il faut abattre les derniers remparts qui protègent nos habitudes et nos traditions en matière d'alimentation.

« MANGE, MON FILS »

« OK, les images d'abattoirs et tout, c'est choquant. Mais, en même temps, c'est la nature, mon pote ! On est dans la chaîne alimentaire, c'est normal de manger de la viande. Tu vas interdire au lion de dévorer la gazelle ? »

J'ai dû entendre – ou lire – des centaines de fois cet argument justifiant la consommation de viande. Efficace pour se déculpabiliser. Après tout, pourquoi serions-nous végétariens alors que d'autres animaux mangent – eux aussi – des animaux ? D'abord, il convient de préciser que le lion est carnivore. Son alimentation est exclusivement composée de chair animale crue, et il peut en avaler plusieurs dizaines de kilos en un seul repas. Si le lion cesse de manger d'autres animaux, il meurt, tout simplement. Ce n'est pas notre cas.

Comme de nombreuses autres espèces, l'homme est omnivore. Notre système digestif est capable d'assimiler à la fois des végétaux et de la chair animale. Contrairement à une idée répandue, cela ne veut pas dire que nous *devons* manger à la fois des plantes et de la viande pour survivre, mais que nous *pouvons* le faire. Les espèces omnivores ont l'immense avantage d'avoir le choix. Cette alimentation opportuniste leur permet de s'adapter à de nombreuses situations, en fonction de la nourriture disponible. La plupart des animaux omnivores – comme les singes ou les ours – mangent essentiellement des végétaux lorsqu'ils en trouvent facilement. Quand ces aliments viennent à manquer, ils peuvent basculer vers une nourriture davantage carnée.

« C'est plus facile de cueillir que de chasser, me dit Yves Christen. La plupart des omnivores sont donc principalement végétariens. Mais quand ils ont l'opportunité de manger de la viande, ils le font ! Les ours du parc de Yellowstone, par exemple, consomment surtout des baies comme la myrtille, mais aussi beaucoup d'insectes. Ils soulèvent les pierres pour les dénicher. Les phacochères, omnivores comme tous les cochons, sont quasi-végétariens. Par contre, s'ils trouvent un cadavre, ils le mangeront. Ce sont des opportunistes. » Quant à nos cousins les chimpanzés, ils se nourrissent aussi principalement de végétaux. Ce qui ne les empêche pas de tuer d'autres animaux, par moments. « Ils adorent les insectes et sont d'excellents chasseurs, précise Yves. S'ils ont faim, ils peuvent traquer d'autres singes plus petits, et se partager la viande. » Bref, dans la nature, les omnivores vont au plus simple. Ils peuvent se nourrir exclusivement de végétaux s'ils en trouvent suffisamment. Ils peuvent aussi manger un peu de viande, glanée ici et là, sans détruire leur environnement, à la différence des hommes. « Il faut manger de tout ! » m'a-t-on si souvent répété. Non, il ne *faut* pas manger de tout. On *peut* manger de tout. Et on *peut* aussi ne pas le faire.

« Oui, mais l'homme a toujours consommé de la viande ! Tu ne vas pas aller contre des milliers d'années d'évolution ! » J'ai moi-même utilisé cet argument de nombreuses fois avant de devenir végétarien. À première vue, il semble assez efficace. Mais qu'en est-il vraiment ? Pour le savoir, j'ai consulté Antoine Balzeau, paléoanthropologue au Centre national de la recherche scientifique (CNRS) et au Muséum national d'histoire naturelle. « Au préalable, il faut dire que nous n'avons pas d'informations absolues sur les hommes préhistoriques, souligne le chercheur. Nous avons retrouvé tellement peu d'individus que faire des généralités a peu de sens. Ce qu'on peut dire, c'est que dans la préhistoire les différents humains ont eu un régime omnivore fluctuant en fonction de l'endroit et du moment. Certains mangeaient beaucoup de viande, d'autres peu, d'autres pas du tout. Avec l'apparition de la maîtrise du feu, vers 500 000 avant Jésus-Christ, les hommes ont probablement commencé à consommer de la viande cuite. Mais, sur certains sites, il est prouvé que des êtres humains utilisaient le feu pour cuisiner des végétaux, sans faire cuire de viande. D'ailleurs, il faut voir ce qu'on met derrière le mot *viande*. Les insectes ont dû constituer une part importante de l'alimentation chez l'homme préhistorique. »

Il est probable qu'une partie de nos ancêtres ait effectivement *toujours* mangé des animaux. Mais une partie seulement. « Les australopithèques, qui ont vécu entre − 4,4 millions d'années et − 1 million d'années, comme les *Homo*, apparus vers − 2,8 millions d'années et dont notre espèce *Homo sapiens* fait partie, chassaient et consommaient des animaux, poursuit Antoine. On a pu prouver que l'homme de Neandertal, qui a vécu entre 400 000 et 35 000 avant Jésus-Christ, mangeait du renne, du bison, du cerf, du cheval, du mammouth, du rhinocéros, des oiseaux... À Gibraltar, on a même montré qu'il consommait du dauphin ou du phoque. Mais on sait aussi que certains groupes étaient végétariens. Sur le site d'El Sidrón, en Espagne, on a trouvé dans une poche de sédiment, au fond d'une grotte, des morceaux humains et des outils très bien conservés. Les chercheurs ont identifié douze êtres humains en tout petits bouts. Il y avait trois hommes adultes, quatre femmes et cinq enfants. Ils étaient de la même famille, une petite tribu. L'analyse des stries dentaires et du tartre a montré qu'ils avaient un régime exclusivement végétal. Et on a appris qu'ils étaient morts dévorés par un autre groupe d'hommes ! Des végans mangés par des cannibales, cela montre bien la diversité de l'alimentation des premiers hommes. »

Mais alors, pourquoi accolons-nous à nos ancêtres une image de carnivores quasi exclusifs ? « Quand on fouille un site, on retrouve la poubelle des hommes préhistoriques, explique Antoine. Les végétaux ne se conservent pas, donc, évidemment, on n'en retrouve pas. On trouve des outils et des os. D'où la conclusion qu'ils mangeaient de la viande en grande quantité, qui est particulièrement simpliste. »

Une croyance communément répandue prête à l'alimentation carnée des hommes préhistoriques un rôle essentiel dans le développement de notre intelligence. L'augmentation du volume du cerveau humain serait due... à la viande ! « À ce jour, aucune relation de causalité n'est établie entre la consommation de viande et l'évolution du cerveau, tranche Antoine Balzeau. Par ailleurs, les premiers hommes avaient des petits cerveaux mais consommaient quand même de la chair animale. Il est clair qu'un nouveau type d'humains plus intelligents est apparu à un moment de l'histoire, mais les hypothèses indiquent que cette évolution est liée à de multiples contraintes. »

En 2016, dans un entretien au magazine *Sciences et Avenir*, Florence Burgat va dans le même sens. Philosophe et directrice de recherche à l'Institut national de la recherche agronomique, elle revient sur l'histoire alimentaire d'*Homo sapiens* : « La thèse dite de l'hominisation par la chasse a eu son heure de gloire dans les années soixante. Elle stipule que l'apport en viande tout autant que la confrontation avec l'animal auraient construit l'être humain en développant son intelligence et sa sociabilité. Il n'en est rien ! Il a été établi que, dès les premiers âges, celui-ci a surtout été un opportuniste et un charognard, et qu'il était même parfois cannibale. La traque des grands animaux n'intervient qu'au paléolithique supérieur, alors qu'*Homo sapiens* est vraisemblablement apparu plusieurs dizaines de milliers d'années auparavant. Celui-ci pratique également la cueillette, activité qui développe aussi son intelligence. L'homme n'est donc pas carnivore par nature : il est physiologiquement omnivore. [...] Aucun point de comparaison ne permet de fonder notre hyperconsommation carnée dans la quête toujours incertaine de nourriture des premiers hommes. »

Il faut également être prudent sur la signification des peintures représentant des animaux présentes sur les sites préhistoriques. « Nous ne sommes pas capables de bien comprendre le sens réel de ces dessins, estime Antoine Balzeau. Les animaux représentés ne sont pas forcément ceux qui sont chassés, ni même ceux qui étaient dans l'environnement immédiat des hommes. Par exemple, on a retrouvé des dessins de pingouins dans le centre de la France. C'est très mystérieux et il y a plein d'hypothèses : des scènes de sexe métaphoriques, des dieux, des rites chamaniques ? Seule certitude : il y avait une relation particulière aux êtres vivants. »

Enfin, même si on accepte le postulat que notre espèce a *toujours* mangé de la viande, il reste que les hommes n'en ont jamais mangé autant qu'à notre époque. En France, la consommation moyenne est estimée à 19 kilos par an et par habitant en 1789, 22,6 kilos entre 1834 et 1844, et 42 kilos entre 1920 et 1925. Nous en avalons aujourd'hui plus du double ! Il y a encore une centaine d'années, la chair animale était un aliment de luxe, non consommé quotidiennement. C'est au cours de la seconde moitié du XXe siècle que la demande a explosé, provoquant l'essor de l'élevage industriel.

« Houlà, t'as pas l'air bien. T'es malade, non ? Tu vois, il ne fallait pas arrêter la viande ! » Julien, un ami proche, adore se moquer de mon végétarisme. Dès qu'il me voit fatigué, il m'en fait la remarque, sourire en coin. Ces plaisanteries renvoient à une croyance profondément ancrée dans nos esprits : pour être en bonne santé, il faut manger de la viande et du poisson. Marie-Louise Clément, ma grand-mère paternelle, était pied-noir. Née à Oran, en Algérie, elle est morte à cent ans en novembre 2018, près de Perpignan. À son enterrement, mon grand frère Xavier a parlé de son couscous. « Le meilleur », a-t-il dit durant la cérémonie religieuse. Je partage son avis. Je n'ai jamais goûté un couscous aussi bon que celui de ma grand-mère. Elle y mettait des légumes, de l'agneau et du poulet. Quand j'étais petit, elle ne s'asseyait jamais pour manger en notre compagnie. Trop occupée à faire des allers-retours entre le salon et la cuisine et à s'assurer que nous ne manquions de rien. J'engloutissais le contenu de mon assiette à grande vitesse. Dès que j'avais terminé, elle me resservait instantanément. Deux, trois, quatre fois. Ce n'était jamais assez. Même quand je n'en pouvais plus, elle insistait. « Mange, mon fils, tu es trop maigre. » J'étais pourtant très bien-portant. Mais peu importe. Un bout d'agneau par-ci, du blanc de volaille par-là. « Il faut de la viande pour être fort. »

Ma grand-mère n'aimait pas vraiment les produits carnés. Elle en mangeait peu. Pour ses petits-enfants, en revanche, il n'y en avait jamais trop ! Elle nous observait, rassurée, ingurgiter ces bouts d'animaux en souriant. Comme si nous prenions un remède magique contre les dangers du monde extérieur. Mon père, lui aussi, a renforcé cette croyance. Il cuisinait à l'époque beaucoup de viande et de poisson. Alors, quand ma mère préparait un dîner à base de salade, légumes et céréales, il se moquait gentiment : « On n'est pas des lapins ! » J'ai longtemps singé ce comportement, que j'associais à la virilité du modèle paternel. Pendant de longues années, j'ai ainsi considéré qu'un repas sans chair animale n'était pas un *vrai repas*, en tout cas pas pour un *vrai mec*. Le cœur de l'assiette, c'était la viande. Les autres aliments faisaient figure d'accompagnements.

À mon sens, le militantisme animaliste sous-estime la force de ces habitudes. Même si l'on est sensible au bien-être des animaux et à la sauvegarde de la planète, il n'est pas si simple de se débarrasser de ces accoutumances carnées, profondément ancrées en nous et dont on pense qu'elles sont bonnes pour la santé.

Cassons ce mythe. Il n'est pas nécessaire de manger de la viande et du poisson pour être en pleine forme. Cela fait bientôt deux ans que je suis végétarien. Auparavant, je consommais énormément de protéines animales. Mon organisme a donc subi un changement radical. Quels effets ai-je pu observer ?

En premier lieu, j'ai perdu du poids, sans modifier mon style de vie et en ne pratiquant pas plus de sport. De 70 kilos (pour 1,77 mètre), je suis passé à 65 kilos. C'est une baisse modérée, que connaissent presque tous les végétariens après leur transition. Mon corps est aujourd'hui plus sec, plus musclé qu'avant. Rien d'anormal, la viande, en particulier la viande rouge, contient beaucoup de graisse saturée. Cette perte de poids n'a aucune importance pour moi, je n'étais déjà pas très épais et je ne cherchais pas à maigrir. En revanche, lorsque je mangeais des animaux, j'avais souvent des problèmes de digestion et des remontées acides, en particulier après des dîners comportant de la viande. Tous ces désagréments ont disparu depuis deux ans. Je dors aussi beaucoup mieux. Des nuits pleines, sans réveil intempestif, sans suées. Je suis moins fatigué, je récupère plus vite, et j'ai plus d'endurance. Mes performances sportives se sont améliorées, à tout point de vue. Enfin, cela peut paraître étrange, mais ma capacité de concentration a augmenté. Je n'ai, pour l'instant, constaté sur mon corps aucun effet négatif potentiellement lié à l'arrêt des produits carnés. Voilà pour mon expérience personnelle. Ce n'est certes pas le résultat d'une étude scientifique. Est-ce que j'attribue à l'arrêt de la viande des choses qui n'y sont pas liées ? Peut-être. Impossible d'être catégorique sur ce point. Toujours est-il que je me porte mieux que jamais ! Qu'en est-il pour les autres végétariens ? Des chercheurs du monde entier se sont largement penchés sur la question.

N'AYEZ PAS PEUR DES PLANTES

En décembre 2016, l'Académie de nutrition et de diététique des États-Unis, qui rassemble plus de 100 000 nutritionnistes, publie un texte solennel dans son journal officiel. Sobrement intitulé « Position de l'Académie de nutrition et de diététique : régimes végétariens », le document regroupe l'état des connaissances scientifiques sur le sujet. En voici la conclusion :

« Les régimes végétariens, y compris végétaliens, sont bons pour la santé, adéquats sur le plan nutritionnel, et ils peuvent avoir des effets bénéfiques pour la prévention et le traitement de certaines maladies. Ces régimes conviennent à toutes les étapes de la vie, y compris la grossesse, l'allaitement, la petite enfance, l'enfance, l'adolescence, le troisième âge et les athlètes. Ils réduisent les risques de maladies cardio-vasculaires, le diabète de type 2, l'hypertension, certains types de cancers et l'obésité. Une faible consommation de graisses saturées et une consommation élevée de végétaux, de fruits, de céréales complètes, de légumes, de produits à base de soja, de noix et de graines (riches en fibres et en composés phytochimiques) sont caractéristiques des régimes végétariens et végétaliens, qui entraînent moins de *mauvais cholestérol* et un meilleur contrôle de la glycémie. Cela contribue à une réduction des maladies chroniques. » On ne peut pas être plus clair, même s'il est parfois difficile de faire la synthèse du grand nombre de recherches portant sur l'impact d'une alimentation non carnée. Il existe en effet des centaines, voire des milliers d'études sur ce sujet et leurs conclusions ne s'accordent pas sur tout. En revanche, plusieurs points semblent faire consensus.

Tout d'abord, concernant le poids. Les travaux menés sur cette question vont tous dans le même sens : les végétariens et végétaliens sont en moyenne moins gros que les mangeurs de viande. Selon une étude publiée en 2009 dans la revue médicale américaine *Diabetes Care*, l'indice de masse corporelle (IMC) moyen des végétaliens est de 23,6 et celui des végétariens de 25,7 contre 28,8 pour les omnivores. Ces chiffres ont été obtenus en analysant un échantillon de 22 434 hommes et 38 469 femmes vivant en Amérique du Nord. En 2015, d'autres chercheurs ont comparé pendant plusieurs mois deux groupes de personnes adultes : un qui continuait à manger de tout, et un autre à qui l'on demandait de supprimer les aliments carnés, sans restriction de quantités sur le reste. Résultat : les membres du groupe des nouveaux végétariens ont perdu entre 3,4 kilos et 4,6 kilos en moyenne, tandis que le poids des non-végétariens est resté stable. « La prescription de régimes végétariens réduit le poids corporel moyen, ce qui suggère une valeur potentielle pour la prévention et la gestion des maladies liées au poids », concluent les scientifiques. Une autre étude, menée en Suède auprès de 55 500 femmes, indique que le taux de prévalence de l'obésité est de 40 % chez les omnivores, contre 25 % seulement chez les végétariens.

Au-delà de l'impact du régime alimentaire, il faut prendre en compte le contexte social qui explique la tendance moindre à la surcharge pondérale des personnes suivant un régime à base de plantes. En effet, ce n'est pas seulement parce qu'ils ne mangent pas de viande que les végétariens sont plus minces, c'est aussi parce qu'ils appartiennent souvent aux classes les plus favorisées de la société. La sociologie l'a montré, les cadres et professions intellectuelles supérieures pratiquent plus d'activités physiques et ont globalement un mode de vie plus sain que les ouvriers ou les employés (moins d'alcool, moins de cigarettes, moins de nourriture industrielle et à forte teneur en sucre). La majorité des végétariens ont donc d'autres atouts que leur régime alimentaire pour rester minces. Cependant, une étude publiée en 2003 dans le *Journal international de l'obésité et des troubles métaboliques associés* relativise l'importance du milieu social. « Les différences de facteurs de style de vie, y compris le tabagisme, l'activité physique et le niveau d'éducation, représentent moins de 5 % de l'écart de l'IMC moyen [...] entre les consommateurs de viande et les végétaliens, tandis que les différences d'absorption de macronutriments représentent environ la moitié de cet écart », écrivent les chercheurs. Quelle que soit l'origine sociale, l'adoption d'un régime à base de plantes serait ainsi déterminante dans la perte de poids.

Mon expérience personnelle (− 5 kilos) n'est pas un cas isolé. Une multiplication du nombre de végétariens pourrait faire maigrir l'humanité. Sur le plan sanitaire, ce serait une bonne chose. Car, au moins en Occident, nous sommes trop gros. En France, 54 % des hommes et 44 % des femmes sont en surpoids (IMC supérieur à 25) ou obèses (IMC supérieur à 30), les classes populaires étant beaucoup plus touchées que les classes aisées. Or, ce n'est plus à prouver, ce surpoids augmente le risque de maladies en tout genre. Aujourd'hui, la surcharge pondérale est considérée comme la deuxième cause de décès en Europe, après le tabac. D'après une méta-analyse internationale menée par l'université de Cambridge et qui a mobilisé plus de 500 chercheurs dans 32 pays, un décès prématuré sur sept, soit 14 % des morts prématurées enregistrées dans le monde, pourrait être évité si toute la population se maintenait à un poids normal.

Deuxième point autour duquel un consensus semble se dessiner dans la communauté scientifique : le régime végétarien réduit les risques de certains cancers. En 2015, l'Organisation mondiale de la santé (OMS) a jeté un pavé dans la mare en classant la viande rouge comme cancérogène probable, et la viande transformée (charcuterie, jambon, saucisses, etc.) comme cancérogène avéré. Le risque concerne essentiellement le cancer colorectal. La décision de l'OMS résulte de l'analyse de 800 études sur cette maladie chez l'homme, examinées par 22 experts de 10 nationalités différentes. De fortes présomptions pèsent sur le fer héminique (présent dans le sang que contient la viande) ainsi que, pour la charcuterie, sur les nitrates et nitrites utilisés durant la fabrication.

Dans l'océan de publications scientifiques sur le sujet, l'une d'entre elles fait figure de référence depuis sa diffusion sous forme d'ouvrage en mai 2017 : *Les Régimes végétariens et à base de plantes dans la santé et la prévention des maladies*. Ce livre très pointu est coordonné par François Mariotti, professeur à AgroParisTech et spécialiste de la physiologie de la nutrition et du comportement alimentaire. Il regroupe l'essentiel des connaissances actuelles, et plus d'une centaine de chercheurs internationaux y ont contribué. Voici ce qu'on peut y lire : « Divers aspects des régimes végétariens peuvent influer sur le risque de développer plusieurs types de cancers. [...] Pour les cancers gastro-intestinaux, les données ne sont pas cohérentes, mais certaines études ont montré un risque plus faible de cancer de l'estomac et de cancer colorectal chez les végétariens. [...] Une étude a aussi montré que les végétariens présentaient un risque moins élevé de cancers des tissus lymphatique et hématopoïétique que les non-végétariens. Peu de données sont disponibles pour les végétaliens, mais elles suggèrent qu'ils pourraient avoir un risque réduit de cancer de la prostate et peut-être de tous les cancers combinés. »

En France, l'Agence nationale de sécurité sanitaire de l'alimentation, de l'environnement et du travail (Anses) va dans le même sens. « Les consommations de viande hors volailles et de viandes transformées augmentent le risque de cancer colorectal [...], écrivent les experts de l'organisme public. En outre, la consommation de viande en général ou de viande hors volailles en particulier pourrait augmenter le risque de cancer du sein et de cancer de la prostate. » Selon une étude d'observation menée auprès de 60 000 hommes et femmes britanniques durant douze ans, 6,8 % des omnivores ont développé un cancer contre 4 % des végétariens. L'effet protecteur a été observé notamment pour les cancers lymphatique, de l'estomac, des ovaires ou de la vessie. De son côté, l'Institut national du cancer (INCa) estime que le risque de cancer colorectal augmente de 29 % si la consommation de viande rouge dépasse les 100 grammes par jour, et de 21 % au-delà de 50 grammes quotidiens de produits transformés, dont la charcuterie.

Arrêter de manger de la chair animale semble également efficace pour prévenir le diabète de type 2. « Il y a aujourd'hui des preuves épidémiologiques indiquant un risque plus faible de diabète de type 2 chez les personnes suivant différents types de régimes végétariens », écrivent François Mariotti et son équipe. Cela confirme une étude publiée en 2009 dans la revue médicale *Nutrition Reviews*. « Les régimes végétariens et végétaliens offrent des avantages importants pour la gestion du diabète, affirment les chercheurs. [...] Les personnes suivant un régime végétarien sont environ deux fois moins susceptibles de développer un diabète que les non-végétariennes. [...] Bien que cet effet soit principalement imputable à une perte de poids plus importante, des preuves suggèrent également qu'une consommation réduite de graisses saturées et d'aliments à indice glycémique élevé, une consommation accrue de fibres alimentaires et de protéines végétales, une réduction des concentrations de lipides intramyocellulaires et une diminution des réserves de fer entrent en jeu dans l'influence de régimes à base de plantes sur la glycémie. Les régimes végétariens et végétaliens améliorent également les concentrations plasmatiques en lipides et il est prouvé qu'ils inversent la progression de l'athérosclérose. »

Il est impossible ici de faire la synthèse de tous les travaux sur ces questions. On peut ajouter cependant que les végétariens sont également moins exposés à l'hypertension, à la constipation et aux maladies cardio-vasculaires. En 2012, la revue *Annales de la nutrition et du métabolisme*, installée en Suisse, tente de dresser un tableau complet des bienfaits d'un régime à base de plantes. Les auteurs analysent sept études menées sur un total d'environ 125 000 personnes. Voici leurs conclusions : « Le taux de mortalité des végétariens, toutes causes confondues, est inférieur de 9 % à celui des non-végétariens. La mortalité par cardiopathie ischémique[1] est significativement plus basse chez les végétariens [...]. Nous avons observé une mortalité due aux maladies de la circulation sanguine inférieure de 16 % et une mortalité liée aux maladies cérébrovasculaires inférieure de 12 % chez les végétariens. [...] Ils ont une incidence de cancer significativement inférieure (18 %) à celle des non-végétariens. »

Même s'il existe encore de très nombreuses incertitudes et que les conclusions des scientifiques restent prudentes, on peut affirmer néanmoins que le régime végétarien est globalement bon pour la santé. En tout cas, il n'est pas mauvais, à condition qu'il soit équilibré. En effet, il ne suffit pas de supprimer la viande et le poisson. Il faut modifier radicalement ses habitudes alimentaires.

ALORS, ON MANGE QUOI ?

La viande est avant tout une source de protéines. Ces macronutriments sont indispensables au bon fonctionnement de notre organisme, en tant que constituants fondamentaux de tous les tissus vivants, des muscles et des os. Les protéines procurent au corps les acides aminés essentiels et jouent aussi un rôle dans le processus de digestion, la circulation ou encore la réponse immunitaire. Sans apport en protéines, on meurt. Or, 60 % des protéines consommées en France aujourd'hui sont d'origine animale, présentes dans la viande, le poisson, les œufs ou les laitages. Quand on est un gros mangeur d'animaux, comme je l'étais, supprimer subitement les aliments carnés implique une baisse drastique de l'apport protéinique. Mais ce n'est pas un problème. D'abord, parce que nous consommons aujourd'hui beaucoup trop de

---

1. Également appelée « maladies coronariennes » – maladies touchant les artères qui vascularisent le cœur.

protéines. Selon l'Anses, l'apport nutritionnel conseillé est de 0,83 gramme par kilo et par jour pour un adulte en bonne santé. Ainsi, une femme de 60 kilos devrait manger environ 50 grammes de protéines quotidiennement. Un homme de 80 kilos, environ 66,5 grammes. Or, l'Inra indique que les Français ingèrent aujourd'hui entre 85 et 90 grammes de protéines par jour en moyenne. En théorie, éliminer totalement la chair animale conduit à tomber en dessous du seuil conseillé, avec un risque de carence. Mais rassurez-vous, cela n'arrive presque jamais aux végétariens. Il est en effet très facile de compenser la suppression de la viande et du poisson en consommant d'autres aliments sources de protéines. Contrairement aux idées reçues, les végétaux en regorgent. D'ailleurs, toujours selon l'Inra, 70 % des apports protéiniques dans le monde proviennent des plantes, l'écrasante majorité des habitants de la planète ingérant beaucoup moins de viande que les Occidentaux. En Inde, entre 20 % et 30 % de la population est même végétarienne d'après les chiffres officiels, soit plus de 300 millions de personnes dans ce seul pays.

Alors, où trouver des protéines ailleurs que dans les produits animaux ? En fait, partout ! Le riz, les pâtes, les légumes, les fruits, les céréales, les noix... Tous contiennent des protéines. Et leur concentration est particulièrement forte dans les légumineuses (légumes secs) : soja, lentilles, pois en tout genre, haricots, etc. Ces végétaux sont incontournables dans un régime à base de plantes. Prenons quelques exemples. Dans 100 grammes de côte de bœuf, on trouve 37,3 grammes de protéines, selon l'Anses. Dans le soja, c'est à peine moins, 34,5 grammes pour 100 grammes. Dans la spiruline, une algue appréciée des végétariens, c'est beaucoup plus, 57,5 grammes pour 100 grammes ! Les amandes (21,4 g pour 100 g), le basilic (23 g pour 100 g) ou les graines de courges (30,2 g pour 100 g) sont également d'excellentes sources de protéines. Et dans les aliments de base, type lentilles, quinoa ou haricots ? Entre 10 et 13 grammes de protéines pour 100 grammes. Par conséquent, les légumineuses font office de viande pour les végétariens. Afin d'avoir un apport complet, la plupart des nutritionnistes conseillent de coupler ces légumes secs avec les céréales qui, elles aussi, contiennent des protéines et apportent d'autres nutriments. C'est d'ailleurs cette combinaison que l'on trouve dans de nombreux plats traditionnels, comme le couscous maghrébin (pois chiches et semoule), le rice and beans des Caraïbes (riz et haricots), le pad thaï (pâte de riz avec des pousses de soja et du tofu) ou encore le dal indien (lentilles et chapati). Contrairement aux idées reçues, aucun des neuf acides aminés indispensables – que notre corps ne fabrique pas et qu'il puise dans les protéines que nous ingérons – n'est absent du règne végétal. En revanche, il est vrai qu'aucune plante ne les contient tous en dose suffisante. Par exemple, les céréales ont une teneur élevée en méthionine, mais une faible teneur en lysine[1]. Inversement, les légumineuses apportent beaucoup de lysine et peu de méthionine. D'où l'intérêt de combiner ces deux aliments dans un régime végétarien qui, s'il est varié, répond aisément aux besoins en acides aminés.

Par ailleurs, une alimentation à base de plantes est beaucoup plus riche en fibres qu'un régime carné. C'est une bonne chose car, selon l'Anses, la consommation de fibres des Français est nettement en deçà des recommandations, à peine la moitié des 25 à 30 grammes nécessaires par jour. Or, les fibres réduisent le risque de développer certaines maladies, notamment cardio-vasculaires. Des fruits et légumes consommés en plus grande quantité apportent également plus de vitamines à l'organisme.

Pour avoir un régime parfaitement équilibré, le végétarien doit cependant être vigilant sur d'autres points. Par exemple, afin de pallier d'éventuelles carences en fer – présent en grande quantité dans la chair animale – il doit veiller à manger des aliments riches en vitamine C. En effet, cette substance organique,

---

1. La méthionine et la lysine font partie des neuf acides aminés essentiels, avec le tryptophane, la phénylalanine, la thréonine, la valine, la leucine, l'isoleucine et l'histidine.

qui se trouve en abondance dans certains fruits et légumes (orange, kiwi, poivron, brocoli, chou, pamplemousse, etc.), permet d'améliorer l'absorption du fer présent dans les légumineuses et autres aliments, notamment les épinards.

« Il est vrai que le fer héminique, présent dans la viande, est mieux absorbé que le fer non héminique présent dans les végétaux, écrit Élodie Vieille Blanchard, agrégée de mathématiques, docteur en sciences sociales et présidente de l'Association végétarienne de France, dans son ouvrage *Révolution végane*. Cependant, tandis que l'absorption du fer héminique par l'organisme correspond à une part fixe de sa consommation, celle du fer non héminique est variable, ce qui signifie que notre corps peut *booster* cette absorption en cas de besoin, par exemple si nous ne consommons pas de viande. En conséquence, il n'y a pas plus d'anémie par carence en fer dans la population végétarienne que dans la population générale. »

D'autres nutriments importants sont présents dans les viandes et poissons : le zinc, le sélénium, l'iode... Mais on les retrouve aussi dans les céréales, légumineuses, fruits, légumes, ou oléagineux (noix, graines, amandes). Ainsi, pour ne pas manquer d'oméga 3 – présents dans le poisson –, on peut consommer régulièrement de l'huile de colza ou de noix.

En résumé, pour être et rester en bonne santé, le végétarien doit avoir une alimentation végétale équilibrée. Ce qui n'est pas très compliqué, même pour un piètre cuisinier comme moi. En effet, supprimer la viande et le poisson de son alimentation provoque assez naturellement un intérêt accru pour les fruits, légumes, graines et céréales. En devenant végétarien, j'ai découvert l'immense diversité de ces aliments, et la subtilité de leur goût. Il existe des milliers de recettes délicieuses à base de lentilles, de soja, de céréales, de légumes ou de pois. Il faut cesser de croire que les repas sans chair animale sont composés uniquement de salade. Mon alimentation est aujourd'hui plus variée qu'à l'époque où je consommais de la viande. Pour remplacer les trois burgers, le jambon et le poulet que j'avalais chaque semaine, j'ai dû découvrir de nouveaux univers gustatifs et m'ouvrir aux gastronomies du monde entier. Désormais, mes repas – à la maison ou au restaurant – sont plus créatifs, et je prends encore plus plaisir à passer à table. Je me suis aussi rendu compte que je n'avais pas besoin de viande ou de poisson pour apprécier les plats incontournables du quotidien. Soupes, pâtes, pizzas, gratins, couscous, riz... Les recettes végétariennes se comptent par dizaines et n'ont rien à envier aux carnées. Mon ami Pierre Sang, grand chef parisien à la tête de plusieurs restaurants dans le quartier Oberkampf, propose des menus végétaux fantastiques, bien qu'il cuisine toujours de la viande. Partout dans la capitale, les établissements 100 % végétariens ou végans se multiplient. Jusqu'ici, aucun ne m'a déçu. Je suis impressionné par la créativité des chefs. À Soya, dans le onzième arrondissement, vous trouverez un incroyable curry masala avec gingembre frais, crème de cajou et poêlée de champignons et shiitakés. Chez Lula, petite cantine de quartier située rue Saint-Maur, Natalia et son équipe travaillent uniquement des aliments issus de l'agriculture biologique. Les plats sont à un prix abordable – moins de 15 euros – et le menu change tous les jours. Leurs fajitas remplies d'épices et de légumes frais sont à tomber par terre. Dans les librairies, vous trouverez de nombreux livres de recettes végétariennes qui proposent des plats tous plus délicieux les uns que les autres.

D'un point de vue quantitatif, faut-il manger davantage quand on ne consomme pas d'animaux ? Certains nutritionnistes le conseillent et, à titre personnel, c'est ce que je fais. Je ne me force pas, je mange simplement à ma faim, et j'ai effectivement constaté que mes assiettes étaient mieux garnies et que je me resservais plus souvent. Cependant, d'autres végétariens connaissent des expériences différentes. « Il convient de garder en tête qu'aucune alimentation n'est parfaite, l'objectif étant de s'approcher au plus près de ce qui convient aux besoins de notre corps », écrit Élodie Vieille Blanchard. À quoi peut ressembler le menu d'une journée, pour un végétalien qui souhaite avoir un apport nutritionnel complet ? Voici un exemple, valable en été :

Petit déjeuner : 50 g de muesli avec 250 cl de lait de soja, et un grand verre de jus d'oranges pressées.

Déjeuner : salade composée (100 g de quinoa, 100 g de chou, un avocat, une cuillère à soupe de graines variées), une tranche de pain complet, 100 g de fraises, un café.

Dîner : une grosse part de quiche végane (farine de pois chiches, légumes divers, champignons, graines, crème de soja, huile, maïzena), salade verte, 200 g de raisin frais.

Ces plats basiques, faciles à faire, apportent suffisamment de protéines (environ 70 grammes) pour un homme de 80 kilos pratiquant des activités physiques. On retrouve aussi les cinq fruits et légumes frais conseillés quotidiennement, donc des fibres et des vitamines, ainsi qu'environ 10 grammes de fer (ce qui est suffisant pour un homme, une femme devra ajouter un aliment à forte teneur en fer, comme les lentilles).

L'idée selon laquelle la viande ou le poisson sont des aliments indispensables est fausse : une alimentation végétarienne équilibrée répond à tous les besoins nutritionnels. Il est possible de se nourrir à base de plantes sans risque de carences, sans restriction de quantité, sans prendre de poids, et sans faire une croix sur le goût et la gastronomie.

Les végétaliens qui, contrairement aux végétariens, ne consomment aucun aliment d'origine animale, doivent être un peu plus vigilants. Bien que je n'achète pas de produits issus de l'élevage industriel, je m'autorise tout de même les œufs et le fromage bio. Cette nuance est importante, car la suppression totale des œufs et des laitages implique inévitablement une carence en vitamine B12. Indispensable au fonctionnement de notre corps – notamment pour l'entretien du sang, du cerveau et du système nerveux –, elle n'est pas présente dans le monde végétal. Les végétaliens doivent donc inévitablement se supplémenter en B12, via des compléments alimentaires en cachets ou en ampoules. Pas très compliqué. D'autant que les animaux d'élevage sont également en manque de B12 et reçoivent, eux aussi, des compléments. C'est pour cette raison que la viande et les produits animaux ont une bonne teneur en B12.

Dernier point, celui du calcium. « On pense qu'une alimentation sans produits laitiers ne peut pas pourvoir à nos besoins en calcium, souligne Élodie Vieille Blanchard. Cependant, on ignore souvent que ces besoins dépendent des pertes journalières, qui sont en partie liées à la composition de notre alimentation. Les régimes végétaux étant faiblement acidogènes, ils conduisent à réduire les pertes en calcium et à épargner le calcium osseux. Ainsi, avec un régime végétal, les besoins en calcium sont réduits, et peuvent être couverts par une alimentation bien raisonnée, riche en oléagineux, crucifères (choux), légumineuses et certains fruits, éventuellement complétée par certains aliments enrichis, par exemple des boissons végétales utilisées comme substituts du lait. »

Si vous souhaitez devenir végétariens ou végans, je vous conseille de ne pas commencer seuls. Prenez contact avec un nutritionniste ouvert sur la question ou des végétariens expérimentés. Cela vous permettra de dissiper les inquiétudes et de modifier en douceur vos habitudes alimentaires.

ATHLÈTE ET VÉGAN

Pour pratiquer le sport à haut niveau, le régime carné est souvent perçu, à tort, comme un incontournable. La plupart des grands athlètes ont déjà supprimé la viande rouge de leur alimentation, privilégiant la viande blanche, moins grasse. Et le régime végétarien, voire végan, n'empêche pas de réaliser de grandes performances sportives. Les exemples sont légion. On peut citer Murray Rose, nageur australien aux quinze records mondiaux et six médailles olympiques (dont quatre en or). Végétalien de son enfance à sa mort en 2012 due aux suites d'une leucémie, il est toujours considéré comme l'un des plus grands noms de l'histoire de la natation. Surnommé « The Seaweed Streak » (« la traînée d'algues ») à cause de son régime alimentaire, il refusa de participer aux repas du village olympique aux JO de Melbourne en 1956, et préféra aller se restaurer en compagnie de ses parents, eux aussi végétaliens. Autre légende végane : Carl Lewis. Aujourd'hui retraité, ce sprinteur américain a décroché neuf titres olympiques et huit titres mondiaux entre 1983 et 1996, en 100 mètres, 200 mètres, relais 4 x 100 mètres et saut en longueur. Végétalien à partir de 1990, il a répété à de nombreuses reprises que ce régime alimentaire avait amélioré ses performances. Les férus d'athlétisme se rappellent aussi Edwin Moses, le meilleur performeur de l'histoire en 400 mètres haies. Invaincu pendant 122 courses consécutives, entre 1977 et 1987, il a remporté deux titres olympiques et cinq médailles d'or internationales. Le tout en étant végan. Plus récemment, le skieur américain Bode Miller, végétarien depuis sa naissance, a marqué les esprits en devenant, à trente-six ans, le plus vieux champion olympique de l'histoire du ski alpin. La snowboardeuse Hannah Teter, elle, a décroché l'or olympique dans l'épreuve de halfpipe aux JO de Turin en 2006.

« N'est-ce pas difficile d'être une athlète végétarienne ? » lui demande le *Huffington Post* en 2010, après sa médaille d'argent aux olympiades de Vancouver. Réponse de l'Américaine : « Je me sens plus forte que jamais, mentalement, physiquement et émotionnellement. Mon régime végétal m'a ouvert plus de possibilités. J'ai cessé de manger des animaux il y a un an, et je me sens comme une nouvelle personne, une nouvelle athlète. »

En 2011, la star du tennis Venus Williams est à deux doigts d'arrêter sa carrière, après avoir annoncé qu'elle était atteinte du syndrome de Sjögren. À cause de cette maladie auto-immune, la joueuse souffre d'une sécheresse des yeux et de la bouche, de douleurs et d'une fatigue des articulations. « Je ne pouvais littéralement plus jouer au tennis », explique-t-elle en 2017 dans une interview au magazine *Health*. Mais après une période de repos, Venus Williams retrouve les courts et ses excellentes performances. Comment ? En adoptant une alimentation végétalienne qui, selon elle, a grandement diminué les symptômes de sa maladie. « Cela a définitivement changé toute ma vie, poursuit-elle dans *Health*. Cela a changé le rythme auquel je vis. Cela a tout changé. » Venus Williams rejoint ainsi Novak Djokovic, le tennisman serbe, dans l'équipe des superstars végétariennes. Lewis Hamilton, champion du monde de Formule 1, en fait aussi partie. Suivant un régime à base de plantes depuis 2016, l'Anglais évoque son choix un an plus tard sur la chaîne américaine CNN : « Je suis en meilleure forme que jamais. Je me sens incroyablement sain et en bonne santé. C'est bizarre, car une fois que tu as franchi cette ligne, tu ne peux pas imaginer revenir en arrière. »

Dans le milieu de l'ultra-trail et des courses d'endurance, les végétariens sont également très nombreux. Parmi eux, Scott Jurek, ultra-marathonien américain, qui a remporté trois fois de suite le Spartathlon, une course de 245 kilomètres entre Athènes et Sparte, en Grèce. Ou encore Sage Canaday, multititré en ultra-trail et bouclant le marathon en moins de deux heures et quinze minutes. Enfin, même dans les sports de force pure, les végans peuvent s'illustrer. On retiendra Franck Medrano, bodybuilder au million d'abonnés sur Instagram, Kendrick Farris, haltérophile américain de 94 kilos pour 1,75 mètre, ou Patrik Baboumian, qui revendique régulièrement son véganisme. Cet athlète irano-allemand est déjà végétarien lorsqu'il décroche en 2011 le titre de l'homme le plus fort d'Allemagne. Mais, selon lui, c'est quand il décide de passer au régime végan que ses performances s'améliorent vraiment. « Je suis devenu plus lourd, plus fort, j'ai gagné les championnats européens d'haltérophilie, j'ai battu trois records du monde… Ma tension artérielle a baissé, je récupérais plus vite, donc je pouvais m'entraîner plus », déclare-t-il dans un entretien à CNN. En 2013, il réussit l'exploit de déplacer 550 kilos sur une distance de dix mètres, vêtu d'un tee-shirt portant l'inscription « *I am a vegan badass*[1] ». « La plupart des gens pensent que les végans ne mangent que des

---

1. « Je suis un dur à cuire végan ».

trucs verts, de la salade toute la journée... Je mange haricots, légumes, lentilles, riz, patates et un tas d'autres choses pleines de calories qui me donnent l'énergie de faire ce que je fais, poursuit-il sur CNN. Ce n'est pas très compliqué, et ça a un énorme impact sur la planète. »

Sylvie Guillem est désormais retraitée, mais ce fut l'une des plus grandes étoiles de la danse classique, à la carrière exceptionnellement longue. Plus de trente ans d'activité, entre le ballet de l'Opéra de Paris – où elle fut étoile à dix-neuf ans – et le Royal Ballet de Londres. En 2001, elle est la première lauréate du prix Nijinski, qui récompense la meilleure ballerine du monde. Sylvie Guillem danse jusqu'en 2015 quand, à cinquante ans, elle décide de partir à la retraite. Au téléphone, elle évoque sa conversion au végétarisme en 2010.

« Ce n'était ni pour la santé, ni pour le sport, uniquement pour des raisons morales, dit-elle d'emblée. Le premier déclic s'est fait après une émission de France 3 consacrée à Paul Watson, le fondateur de Sea Shepherd. Avant, je n'étais pas du tout intéressée par ces questions, et j'étais une assez grosse mangeuse de viande. Quand des amis voulaient me faire plaisir, ils m'offraient un panier de charcuteries ! Après la lecture d'un livre sur Paul Watson, j'ai immédiatement arrêté le poisson, je ne voulais plus participer au massacre qui a lieu dans les océans. En creusant un peu la question, j'ai réalisé qu'en termes d'élevages industriels et d'abattoirs nous avions atteint des extrêmes de violence inimaginable. En l'espace de quelques mois, par cohérence, j'ai arrêté de manger tout produit d'origine animale. J'avais plus de quarante ans et je regrette de ne pas avoir pris cette décision avant, car il y a une vraie urgence. Nous vivons à une époque où nous pouvons bien nous alimenter sans tuer des animaux. J'ai décidé de ne pas utiliser la vie d'un être vivant si je n'en ai pas besoin. »

Quand Sylvie Guillem devient végane, elle est encore en activité, et doit effectuer des représentations de haut niveau. Selon elle, sa conversion fut très bénéfique :

« Je me suis sentie mieux moralement et physiquement. J'avais plus d'endurance. À un âge où j'aurais dû commencer à peiner, j'ai assuré une tournée de spectacles difficiles. J'avais plus de résistance à la fatigue et à l'effort, comme si je m'encrassais beaucoup moins et que je récupérais plus rapidement. »

La plupart des athlètes végétariens et végans témoignent du même ressenti. En effet, les produits carnés apportent de l'acidité au corps, en plus de celle produite par l'organisme lors d'un effort. Si l'équilibre acido-basique n'est plus assuré, c'est-à-dire s'il y a trop d'acides et pas assez de minéraux pour les neutraliser, les tissus, dont les muscles, peuvent être touchés par des inflammations, des rigidités ou un durcissement. Concrètement, cela peut se traduire par des crampes et des courbatures. Or, contrairement à la chair animale et aux laitages, les légumes, les fruits, les graines germées ou les amandes sont alcalinisants – l'inverse d'acidifiant – car porteurs de minéraux. Un régime végétal peut donc favoriser la récupération, en maintenant l'équilibre acido-basique de l'organisme. Les nutritionnistes sportifs le savent depuis longtemps, et déconseillent la viande rouge avant et après des efforts intenses.

« Il y a beaucoup de préjugés sur le véganisme dans le sport, poursuit Sylvie Guillem. Beaucoup de fausses informations sont ancrées : la viande pour être fort, le lait pour avoir des os solides... Dans mon encadrement, personne n'a jamais rien dit de spécial sur mon régime alimentaire, parce qu'il voyait que cela n'avait pas de conséquences négatives sur mes capacités et ma résistance, bien au contraire. »

Au-delà de Sylvie Guillem et des autres athlètes végans, il suffit d'observer la nature pour comprendre que la force physique n'a pas de lien avec la consommation de viande. Que mangent les animaux les plus imposants de la planète, comme les éléphants, les rhinocéros, les girafes ou les bisons ? Vous connaissez la réponse : des plantes.

UN MONDE VÉGÉTARIEN

C'est sa dernière vache. Marco la regarde s'approcher, suspendue par la patte arrière. Le collègue au matador a bien bossé, la bête est inconsciente. Les chefs sont déjà en train de rassembler leurs affaires. Désormais, tout le monde se fout de la cadence. Plus personne pour lui gueuler qu'il ne va pas assez vite. Alors il se fige quelques secondes, et respire profondément. À sa droite, le mec du poste suivant, chargé de découper les cornes, le regarde avec un sourire doux, comme pour l'encourager. Lui aussi, c'est sa dernière vache. Marco saisit son couteau, et le plante dans le cou de l'animal. Le sang coule. Une énième rivière rouge, qui tombe en cascade dans le bac en aluminium. Voilà, c'est fini. Il pose sa lame. Les chefs leur ont dit qu'ils pouvaient les garder, mais franchement, qui voudrait de ça en souvenir ? Marco prend la direction des vestiaires, en tapant dans le dos de chaque collègue croisé sur le chemin. C'est la dernière fois qu'il quitte cet endroit les mains pleines de sang, l'odeur de mort incrustée dans la peau.

Ce soir, l'abattoir ferme définitivement ses portes. C'était le dernier encore en activité dans le pays. L'industrie de la viande a résisté pendant de longues années à l'effondrement de la demande. Elle s'est maintenue en vie à coups de subventions publiques, mais l'État a fini par changer sa politique, en redirigeant les aides financières vers les éleveurs qui souhaitaient se reconvertir. Puis, la grande distribution a porté le coup de grâce. Sous la pression de l'opinion publique, elle a retiré les produits carnés de ses rayons. Ne restent désormais que quelques boucheries, spécialisées dans la viande de luxe. Avec la fermeture du dernier abattoir, elles devront mettre la clef sous la porte. Dans quelques mois, l'Assemblée nationale examinera un projet de loi visant à accorder aux animaux d'élevage le même statut que les chiens et chats. Leur faire du mal sera passible de prison, comme c'est déjà le cas dans de nombreux pays d'Europe.

Il y a six mois, la barre des 90 % de végétariens a été franchie en France, et les choses évoluent vite. Plus des trois quarts des pâturages français ont déjà été rachetés par l'État et rendus à la nature, sous le contrôle de l'Office national des forêts, qui a planté des millions d'arbres ces cinq dernières années. La reforestation est massive sur l'ensemble de la planète. La pression sur la faune sauvage a considérablement diminué, et la plupart des espèces menacées auparavant ne sont plus en danger. Quant aux émissions globales de gaz à effet de serre, elles ont chuté drastiquement. Le réchauffement climatique est malheureusement toujours d'actualité, mais dans des proportions beaucoup moins alarmantes qu'il y a quelques décennies. L'espèce humaine a limité les dégâts en réagissant à temps. Dans les pays les plus pauvres, la famine a reculé, grâce à une meilleure répartition de la production agricole mondiale, centrée sur les protéines végétales.

Et les animaux que nous mangions ? Ils sont beaucoup moins nombreux qu'avant, puisque nous avons cessé de les faire naître par milliards pour les abattre. Les poules ne sont plus enfermées par dizaines de milliers dans des hangars, c'est désormais interdit. Elles forment aujourd'hui de petits groupes dans les jardins ou basses-cours, et fournissent toujours des œufs à leurs compagnons humains, mais en petite quantité. Le nombre de vaches a été divisé par plus de dix. Certaines pâturent librement dans les zones montagneuses, soignées et surveillées par des fonctionnaires du nouveau ministère des Animaux non humains. D'autres vivent en compagnie des chèvres et des cochons dans l'une des six mille fermes pédagogiques installées partout dans le pays. Lors de sorties scolaires ou pendant le week-end, les enfants peuvent aller voir les animaux, et participer aux cultures et à l'entretien. Tous les bambins de ce pays savent enfin à quoi ressemble un porc, et à quel point cet animal est intelligent et sensible.

Marco, lui, commence une formation d'ouvrier agricole dans une semaine. Il sera en apprentissage dans une exploitation céréalière biologique. Comme lui, des milliers de salariés d'abattoir et d'élevage industriel bénéficient d'un programme d'aide à la reconversion professionnelle. Marco prend sa douche, se rhabille et rend le matériel sanitaire. Il salue une dernière fois ses collègues, puis monte dans sa voiture et quitte le parking de l'abattoir. À la radio, il apprend que les pêcheurs seront, eux aussi, accompagnés pour changer de boulot, puisque la France s'est alignée sur les recommandations de l'Organisation des Nations unies pour l'alimentation et l'agriculture : la pêche de loisir reste autorisée, mais la vente de poisson est désormais interdite. Les bateaux-usines qui ravageaient les océans doivent définitivement rentrer au port. Il n'y a plus d'argent à se faire sur le dos de la faune marine. Marco change de station, il veut écouter de la musique. Dans le rétroviseur, l'abattoir s'éloigne. Cette usine de mort ne lui manquera pas. Le goût de la viande, un peu, même s'il n'en mangeait déjà plus beaucoup. Sa femme, Laura, est végétarienne depuis trois ans.

Je sais, je rêve. Mais voilà comment j'imagine un monde basculant dans le végétarisme. Moins de souffrances, humaines et animales. Une planète qui se relève des blessures infligées par notre espèce et qui, de fait, nous tolère plus longtemps. Un monde plus doux, en somme. Le scénario que je viens de vous exposer est romancé, mais il correspond assez bien aux simulations effectuées par les scientifiques. En 2016, des chercheurs de l'Oxford Martin School ont tenté de répondre à cette question dans la revue *PNAS* : que se passerait-il si toute l'humanité devenait végétarienne d'ici à 2050 ?

D'abord, les émissions de gaz à effet de serre d'origine anthropique liées à notre alimentation diminueraient d'environ 60 %. Ensuite, une surface équivalente à l'Europe et l'Amérique du Sud réunies – aujourd'hui utilisée pour l'élevage – serait libérée et rendue à la nature. En effet, rappelons-le, seules 20 % des terres monopolisées par l'industrie de la viande seraient nécessaires pour nourrir l'humanité à base de plantes. Il y aurait donc beaucoup plus de forêts, ce qui permettrait d'atténuer le réchauffement climatique, mais aussi la perte de biodiversité. Bien sûr, il ne suffit pas de retirer les vaches des pâturages pour que ceux-ci deviennent instantanément une forêt primaire. La restauration de l'environnement et la conversion de l'élevage en une agriculture végétale nécessiteraient une planification et des investissements massifs. Les perturbations économiques seraient nombreuses et complexes, mais le jeu en vaut la chandelle.

Autre point positif : dans un monde végétarien, les humains seraient globalement en meilleure santé. Les chercheurs estiment que le taux de mortalité mondial diminuerait de 10 % grâce à la réduction des maladies coronariennes, du diabète, des accidents vasculaires cérébraux et de certains cancers. Environ 7 millions de morts pourraient être évitées chaque année, principalement dans les pays riches, où ces problèmes de santé liés à une mauvaise alimentation sont très répandus. Selon les chercheurs, une conversion totale au végétarisme permettrait de réaliser des économies colossales. Voici leurs projections, pour une seule année : 973 milliards de dollars non dépensés en frais de santé (3 % du PIB mondial), 28 000 milliards de dollars économisés en décès évités (12 % du PIB mondial) et 511 milliards de dollars préservés grâce à la réduction des émissions de CO_2.

Non, un monde végétarien n'est pas impossible et ne provoquera pas de cataclysme. Au contraire. Il serait bénéfique, voire salutaire, sous bien des aspects. La seule vraie interrogation qui subsiste concerne le sort des animaux que nous exploitons et tuons aujourd'hui par dizaines de milliards. Ces êtres vivants ont pour la plupart été sélectionnés et modifiés par l'homme pour grossir plus vite et être davantage rentables. En plus d'entraîner des douleurs physiques insupportables, cela rend leur survie impossible en dehors d'un élevage industriel. Comme évoqué précédemment, les poulets de chair souffrent de malformations et ont même du mal à se tenir sur leurs pattes. Quant aux vaches, certaines sont tout simplement incapables de mettre bas sans assistance. Un monde sans viande conduirait inévitablement à la disparition des espèces que nous avons transformées à notre guise, au point de les rendre inadaptées à la vie dans la nature. Mais, à mon sens, et sans entrer dans un débat philosophique, une non-existence est préférable à une vie de souffrances et de tristesse permanentes. Ces créatures de Frankenstein que nous avons créées n'ont pas leur place dans l'écosystème, et ne l'ont jamais eue.

Une étude publiée en 2012 montre que si l'on recule l'âge d'abattage des poulets industriels à neuf semaines au lieu de cinq, leur taux de mortalité est multiplié par sept. Ces animaux ne peuvent survivre que dans un univers concentrationnaire. Ils sont condamnés à la souffrance éternelle, ou à la disparition. « Lorsque les avocats de l'élevage prétendent défendre les espèces et les races domestiques de l'extinction, c'est en réalité notre propre droit à contempler les résultats de notre histoire, les traces de notre culture, qu'ils défendent », écrit très justement Élodie Vieille Blanchard dans *Révolution végane*. Et puis, dans un monde végétarien, tous les animaux d'élevage ne disparaîtraient pas, loin de là. La plupart des races de porcs, bovins, moutons ou poulets peuvent tout à fait vivre en liberté aux côtés des humains, sans que nous les martyrisions. Bien sûr, ils seraient beaucoup moins nombreux qu'aujourd'hui, puisque nous cesserions de les inséminer artificiellement plusieurs fois par an. Mais ils seraient infiniment plus heureux. Enfin, pour les poissons, la question ne se pose pas. Nous n'avons pas à nous préoccuper de leur sort si nous arrêtons de les manger. Sous l'eau, ils se débrouillent très bien sans nous.

CONCLUSION
RÉSISTER

Autour de moi, progressivement, les habitudes alimentaires évoluent. Alexandra, qui partage ma vie, mange de moins en moins de chair animale, elle qui raffole pourtant de charcuterie. Notre frigo ne contient plus de viande ni de poisson, seulement quelques œufs et du fromage issus de l'agriculture biologique. Ava, la fille d'Alexandra, âgée de huit ans, mange encore du bœuf ou du poulet à la cantine scolaire, mais plus de jambon depuis qu'elle a compris qu'il s'agissait en réalité de viande de cochon. Pionnière en matière d'alimentation végétale, ma mère est en voie de supprimer totalement les produits animaux. Mon père, quant à lui, pendant que j'écrivais ce livre, a décidé d'arrêter définitivement de consommer de la viande rouge. Il continue cependant à pêcher et ne compte pas abandonner cette passion. Bastien, mon ami d'enfance, et Xavier, mon frère, ainsi que sa compagne Marie sont végétariens depuis longtemps. Thomas, l'un de mes proches, encore très critique envers l'argumentaire végan il y a peu, a récemment changé d'avis et adopté un régime à base de plantes. Clément, qui m'accompagne des semaines entières au cours de nos reportages, n'est plus le carnivore qu'il était et évite désormais la viande autant que possible.

Le nombre de végétariens et de végans augmente de manière constante et notre discours trouve un écho grandissant dans l'espace public et les médias. Menacée d'une perte de profit, l'industrie de la viande réplique et cherche à décrédibiliser celles et ceux qui la boycottent, en dénonçant de supposées incohérences dans les pratiques des partisans du végétarisme. Ces derniers ne seraient que d'hypocrites citadins bourgeois, déconnectés des réalités, soucieux d'imposer leur point de vue en occultant les autres questions importantes.

Pour résister à ces attaques, il convient de les devancer, en étant lucide sur soi-même. Personne n'est irréprochable en matière d'éthique et de protection de l'environnement. Je ne le serai jamais. J'ai beau être végétarien, ne pas avoir de voiture, éviter le plastique, m'habiller le plus possible avec des vêtements *made in Franc*e et n'acheter que des produits bio de saison, je participe néanmoins à un système nuisible à la planète et, donc, aux animaux. Quand je prends l'avion, je donne de l'argent aux pétroliers et j'augmente mon bilan carbone. En commandant un smartphone dernier cri, je remplis les caisses des géants de l'électronique qui exploitent des enfants dans les mines de cobalt. Lorsque j'achète des chaussettes ou des caleçons fabriqués au Bangladesh, je finance les mastodontes du vêtement à bas prix qui polluent les cours d'eau et participent à la destruction de la faune sauvage.

Cela étant, l'élevage et la pêche sont à mes yeux une priorité, de par leur impact environnemental considérable et les innombrables souffrances animales qu'ils génèrent. Visiter une exploitation intensive ou écouter un ouvrier d'abattoir raconter son calvaire provoque généralement un électrochoc. Il est révoltant d'être contemporain de telles horreurs, et cesser de consommer des produits animaux évite de nous en rendre complices. Certes, il faut pour cela abandonner des habitudes solidement ancrées dans un univers culturel, ce qui n'est pas anodin. Les professionnels de santé, qui tentent de combattre la montée de l'obésité et des maladies cardio-vasculaires dans nos sociétés, savent la difficulté des Occidentaux à modifier profondément et durablement un régime alimentaire. Néanmoins, arrêter de manger de la viande et du poisson – ou diminuer drastiquement sa consommation – reste la décision majeure la moins difficile à appliquer.

À l'inverse, renoncer à utiliser la voiture, l'avion, ou les autres modes de transport polluants, implique un changement total de mode de vie, parfois impossible à mettre en œuvre. De même, s'abstenir d'utiliser les moyens modernes de communication, comme la télévision, le téléphone portable, l'ordinateur ou Internet, reviendrait – en Occident – à se retrouver isolé socialement et professionnellement.

Je ne suis pas prêt à m'engager dans cette voie, et personne ne l'est vraiment, à quelques exceptions près. En revanche, cesser d'acheter des produits carnés est à la portée de tous. Cette décision ne provoque pas un bouleversement total du quotidien et a un impact immédiat. Si la majorité des habitants de cette planète devenaient végétariens, nous aurions réglé une bonne partie du problème climatique et mis fin à la souffrance de milliards d'animaux. Le pouvoir est dans notre assiette.

POUR ALLER PLUS LOIN...

LIVRES

Florence Burgat, *Animal, mon prochain*, Odile Jacob, 1997.
Aymeric Caron, *Antispéciste*, Don Quichotte éditions, 2016.
Yves Christen, *L'animal est-il une personne ?*, Flammarion, 2009.
Jean-Luc Daub, *Ces bêtes qu'on abat*, L'Harmattan, 2016.
Lamya Essemlali, *Entretien avec un pirate*, Firefly Books Ltd, 2013.
Mauricio Garcia-Pereira, *Ma vie toute crue*, Plon, 2018.
Amy Hatkoff, *The Inner World of Farm Animals*, Stewart, Tabori and Chang, 2009.
Barbara King, *How Animals Grieve*, University of Chicago Press, 2013.
Geoffrey Le Guilcher, *Steak Machine*, Éditions Goutte d'Or.
François Mariotti, *Vegetarian and Plant-based Diets in Health and Disease Prevention*, Academic Press, 2017.
Karine Lou Matignon (dir.) et al., *Révolutions animales*, Les Liens qui libèrent, 2016.
Annie Potts, *Chicken*, Reaktion Books, 2012.
Lesley J. Rogers, *The Development of Brain and Behaviour in the Chicken*, CABI Publishing, 1995.
Jonathan Safran Foer, *Faut-il manger les animaux ?*, Éditions de l'Olivier, 2011.
Peter Singer, *La Libération animale*, Payot, 2012.
Thierry Souccar, *Lait, mensonges et propagande*, Thierry Souccar Éditions, 2008.
Élodie Vieille Blanchard, *Révolution végane*, Dunod, 2018.

Lyall Watson, *The Whole Hog : Exploring the Extraordinary Potential of Pigs*, Smithonian Books, 2004.

ÉTUDES ET RAPPORTS

Agreste, *Pratiques d'élevage bovin 2015*, ministère de l'Agriculture et de l'Alimentation, 2017.

Anses, *Actualisation des repères du PNNS : révision des repères de consommations alimentaires*, Édition scientifique, décembre 2016.

Anses, *Étude individuelle nationale des consommations alimentaires 3*, Édition scientifique, juin 2017.

Steve Eayrs, *Guide pour la réduction des prises accessoires dans la pêche au chalut des crevettes tropicales*, Rome, 2009.

FAO, *Lifestock's Long Shadow*, Rome, 2006.

FAO, *État de la pêche et de l'aquaculture dans le monde*, Rome, 2018.

FranceAgriMer, *Consommation des produits carnés en 2014*, 2014.

FranceAgriMer, *Consommation des produits de la pêche et de l'aquaculture 2016*, 2017.

Giec, *Climate Change : Mitigation of Climate Change*, UNEP, 2014.

Ifen, *Étude pilote sur les déchets de l'agriculture en France*, 2005.

Ifip, *Point réglementaire sur le bien-être des porcs*, 2006.

Inra, *Douleurs animales : les identifier, les comprendre, les limiter chez les animaux d'élevage*, 2009.

Institut de veille sanitaire, *Aphekom : Improving Knowledge and Communication for Decision Making on Air Pollution and Health in Europe*, 2012.

Ministère du Travail, *Surveillance médicale des expositions aux risques professionnels*, 1994.

Organisation des Nations unies, « Rearing Cattle Produces More Greenhouse Gases than Driving Cars », *Un News*, 2010.

OMS, *High-Level Meeting on Antimicrobial Resistance*, New York, 2016.

Parlement européen, Rapport de la commission européenne au Parlement européen et au Conseil sur l'incidence de la sélection génétique sur le bien-être des poulets destinés à la production de viande, Euro-Lex.eu, 2016, https://eur-lex.europa.eu/legal-content/FR/TXT/? uri = celex % 3A52016DC0182 (consulté en décembre 2018).

UFC-Que choisir, « Enquête sur la pêche durable : la grande distribution reste en rade », *quechoisir.org*, décembre 2018, https://www.quechoisir.org/action-ufc-que-choisir-enquete-sur-la-peche-durable-la-grande-distribution-reste-en-rade-n62022/ (consulté en décembre 2018).

US Environmental Protection Agency, *Effects of Acid Rain – Surface Waters and Aquatic Animals*, 2012.

Welfarm, *L'Essentiel 2017, welfarm.fr*, 2017, https://welfarm.fr/pdf/essentiel-welfarm-2017.pdf (consulté en décembre 2018).

WWF, *Rapport planète vivante, WWF.fr*, 2018, https://www.wwf.fr/rapport-planete-vivante-2018 (consulté en décembre 2018).

ARTICLES ET INTERVIEWS

Avital Andrews, « Hannah Teter, Gold-Medal Snowboarder, Carves a Meaningful Life », *Huffington Post*, 6 décembre 2017.

BBC Wales, « Pig Saves Her Owner's Bacon », 9 mars 2000, http://news.bbc.co.uk/2/hi/uk_news/wales/670625.stm

Emmanuele Di Angelantonio *et al.*, « Body-mass Index and All-cause Mortality : Individual-participant-data Meta-analysis of 239 Prospective Studies in Four Continents », *The Global BMI Mortality Collaboration*, 388, 10 046, juillet 2016, p. 776-786.

Lester R. Aronson, « Orientation and Jumping Behavior in the Gobiid Fish Bathygobius Soporator », American Museum of Natural History, 1486, 1951, p. 20-21.

E. Baéza *et al.*, « Influence of Increasing Slaughter Age of Chickens on Meat Quality Welfare, and Technical and Economic Results », *Journal of Animal Science*, 90, 6, juin 2012, p. 2003-2013.

Neal Barnard *et al.*, « Vegetarian and Vegan Diets in Type 2 Diabetes Management », *Nutritions Reviews*, 67, 5, mai 2009, p. 255-263.

Neal Barnard *et al.*, « A Systematic Review and Meta-analysis of Changes in Body Weight in Clinical Trials of Vegetarian Diets », *Journal of the Academy of Nutrition and Dietetic*, 115, 6, janvier 2015, p. 954-959.

Brock Bastian *et al.*, « Don't mind meat ? The Denial of Mind to Animals Used For Human Consumption », *Personnality and Social Psychology Bulletin*, 38, 2, 2012, p. 247-256.

Carys Bennett *et al.*, « The Broiler Chicken as a Signal of a Human Reconfigured Biosphere », *Royal Society Open Science*, 5, 2018, p. 1-11.

Jan J. Beukema, « Angling Experiments with Carp », *Netherlands Journal of Zoology*, 20, 1, 1969, p. 81-92.

Alain Boissy *et al.*, « Le comportement social des bovins et ses conséquences en élevage », *Inra Productions Animales*, 18, 2, 2005, p. 87-99.

Donald Broom *et al.*, « Pigs Learned What a Mirror Image Represents and Use it to Obtain Information », *Animal Behaviour*, 78, 5, 2009, p. 1037-1041.

Karin Brulliard, « Step one for Befriending a Goat : Smile », *Washington Post*, 31 août 2018.

Redouan Bshary *et al.*, « Interspecific Communicative and Coordinated Hunting Between Groupers and Giant Moray Eels in the Red Sea », PLoS Biol, 4, 12, 2006, https://journals.plos.org/plosbiology/article?id=10.1371/journal.pbio.0040431 (consulté en décembre 2018).

Rhett Butler, « Amazon Destruction », Mongabay.com, 26 janvier 2017.

Julio Camargo, « Nitrate Toxicity to Aquatic Animals : a Review with New Data for Freshwater Invertebrates », *Chemosphere*, 58, 9, mars 2005, p. 1255-1267.

Loïc Chauveau, « Ce poisson nettoyeur travaille à la tête du client », *Sciences et Avenir*, hors-série 181, mars-avril 2015.

Holly Cheever, « A Bovine Sophie's Choice », All-Creatures.org, 2011, https://www.all-creatures.org/articles/ar-bovine.html (consulté en décembre 2018).

Marie-Noëlle Delaby, « Florence Burgat : "l'homme est physiologiquement omnivore" », *Sciences et Avenir*, juin 2016.

Susie East, « "Vegan Badass" muscle man pumps iron, smashes stereotypes », *CNN*, 6 juillet 2016.

Joanne Edgar *et al.*, « Avian Maternal Response to Chick Distress », *Proceedings of the Royal Society B : Biological Sciences*, 978, 9 mars 2011, p. 3129-3134.

Greenpeace, « Fermes-usines : les dessous de l'élevage français », *Greenpeace.fr*, novembre 2018.

David Grémillet *et al.*, « Persisting Worldwide Seabird-Fishery Competition Despite Seabird Community Decline », *Current Biology*, 28, 29, décembre 2018, p. 4009-4013.

Kristin Hagen et Donald Broom, « Emotional Reactions to Learning in Cattle », Elsevier, 85, 3-4, 2014, p. 203-213.

Tau Huang, « Cardiovascular Disease Mortality and Cancer Incidence in Vegetarians : a Meta-analysis and Systematic Review », *Annals of Nutrition and Metabolism*, 60, 4, 2012, p. 233-240.

Keith M. Kendrick *et al.*, « Sheep don't Forget a Face », *Nature*, 414, 2001, p. 165-166.

Yvan Lepage, « Évolution de la consommation d'aliments carnés aux XIXe et XXe siècles en Europe occidentale », *Revue belge de philologie et d'histoire*, 80, 4, 2002, p. 1459-1468.

Alison Mango, « This Drastic Diet Change Helped Venus Williams Fight Her Autoimmune Condition », *Health*, 12 janvier 2017.

Lori Marino et Kristin Allen, « Psychology of Cows », *Animal Behavior and Cognition*, 4, 4, 2017, p. 474-478.

Robert Matthews, « Fast-learning Fish Have Memories that Put Their Owners to Shame », *The Telegraph*, 3 octobre 2004.

Mefsin Mekonnen, « A Global Assessment of the Water Footprint of Farm Animal Products », *Ecosystems*, 15, 3, 2012, p. 405-415.

Jenny Morton, « Sheep Learned to Recognize Photos of Obama and Other Celebrities », *Washington Post*, 7 novembre 2017.

PK. Newby *et al.*, « Risk of Overweight and Obesity Among Semivegetarian, Lactovegetarian, and Vegan Women », *The American Journal of Clinical Nutrition*, 81, 6, juin 2005, p. 1267-1274.

AP, « Hog Heaven: Pigs Learn Video Games », *The Seattle Times*, 26 octobre 1997.

Anna Maria de Passillé *et al.*, « Discrimination of People by Dairy Cows Based on Handling », *Journal of Dairy Science*, 80, 1997, p. 1106-1112.

J. Poore et T. Nemeck, « Reducing Food's Environmental Impact Through Producers and Consumers », *Science*, juin 2018.

Thelma Rowell, « Reification of Social Systems », *Ethology*, 2, 4, 1993, p. 135-137.

Rosa Rugani, « Arithmetic in Newborn Chicks », *Proceedings of the Royal Society*, 276, avril 2009, p. 2451-2460.

Peter Scarborough *et al.*, « Dietary Greenhouse Gas Emissions of Eat-eaters, Fish-eaters, Vegetarians and Vegans in the UK », *Climatic Change*, 125, 2, 2014, p. 179-192.

Coralie Schaub, « Pêche industrielle : alerte aux oiseaux marins ! », *Libération*, 9 décembre 2018.

Colin Smith, « Birds and Humans Have Similar Brain Wiring », *Imperial College London*, 17 juillet 2013, disponible en ligne : https://www.imperial.ac.uk/news/126046/birds-humans-have-similar-brain-wiring/ (consulté en décembre 2018).

Michael Specter, « The Extremist », *The New Yorker*, 14 avril 2003.

E. A. Spencer *et al.*, « Diet and Body Mass Index in 38 000 EPIC-Oxford Meat-eaters, Fish-eaters, Vegetarians and Vegans », *International Journal of Obesity and Related Metabolic Discorder*, 27, 6, juin 2003, p. 728-734.

E. A. Spencer *et al.*, « Cancer Incidence in British Vegetarians », *British Journal of Cancer*, 101, 1, juillet 2009, p. 192-197.

Marco Springmann *et al.*, « Analysis and Valuation of the Health and Climate Change Cobenefits of Dietary Change », *PNAS*, 113, 15, 2016, p. 4146-4151.

Serena Tonstad *et al.*, « Type of Vegetarian Diet, Body Weight, and Prevalence of Type 2 Diabetes », *Diabetes Care*, 35, 2, 2009, p. 791-796.

Giorgio Vallortigara, « Interview with Chicken Ethologist Dr Giorgio Vallortigara, University of Trento, Italy », uncooped.com, http://www.wardhenline.com/uncooped/cognitive_abilities (consulté en décembre 2018).

Jennifer Viegas, « Chicken Worry About the Future », *ABC Science*, 15 juillet 2005.

REMERCIEMENTS

Ce livre n'aurait pas vu le jour sans le soutien infaillible et les conseils de mes proches. Merci à Alexandra, qui m'a poussé à écrire cet ouvrage après de nombreuses discussions enflammées. Elle m'a soutenu tout au long de la rédaction et a fait preuve d'une patience incroyable. Merci à Aurélie Michel, mon éditrice, pour son expertise et sa présence indispensable à chaque étape. Merci à mon amie Floriane Louison, journaliste de grand talent, qui m'a aidé à réunir les données et témoignages. Sans Xavier, mon grand frère, je ne serais peut-être jamais devenu végétarien. C'est lui qui m'a offert le livre à l'origine de ma prise de conscience et qui alimente ma réflexion sur le sujet depuis de longues années. Mon père, Jean-Paul, a été d'une aide précieuse dans l'écriture et m'a stimulé intellectuellement. Merci à Christine, ma mère, pour ses corrections précises, ses encouragements et ses convictions écologistes qu'elle a tenté de me transmettre dès mon plus jeune âge. Je salue affectueusement Bastien, mon ami de toujours, sensible à la cause animale bien avant moi, et je pense très fort à sa maman, Marie-Jo, à son papa, René, et à sa sœur, Ambre. J'embrasse mes autres amis, Cécile, Charlotte, Clémence, Clément, Julien, Lucien, Marine, Martin, Matthieu, Pierre, Régis, Rémy et Thomas, qui ont passé des heures à m'écouter parler de ce projet avec bienveillance. Merci à mes sœurs, Élise et Léna (ainsi qu'à Anthony), à mes grands-parents et au reste de ma famille pour le soutien apporté dans les moments de doute. Je remercie par ailleurs toutes celles et tous ceux qui ont rendu ce livre possible – scientifiques, activistes, journalistes, sportifs, hommes politiques, ouvriers d'abattoir, éleveurs – en m'accordant du temps. Enfin, merci aux militants de la cause animale, en particulier celles et ceux de l'association L214, dont Sébastien, Brigitte, Isis, Jean-Luc, et William, qui consacrent leur vie à améliorer l'existence des sans-voix.

TABLE

Introduction
J'aimais manger les animaux 7

1. L'intelligence du jambon 13
2. Émotions animales 31
3. Le poisson oublié 43
4. L'animal est une personne 55
5. Voulez-vous vraiment savoir ? 65
6. Les usines de mort 85
7. Massacre en haute mer 117
8. La paille et la poutre 131
9. Casser les idées reçues 151

Conclusion
Résister 179
Pour aller plus loin 183
Remerciements 189

RÉALISATION : NORD COMPO À VILLENEUVE-D'ASCQ
IMPRESSION : NORMANDIE ROTO IMPRESSION S.A.S. À LONRAI
DÉPÔT LÉGAL : FÉVRIER 2019. N° 141759 (1805433)
IMPRIMÉ EN FRANCE